AF357297

INTRODUCTION

A L'ÉTUDE COMPARÉE DES TONALITÉS.

1

Imp. de MIGNF, au Petit Montrouge.

INTRODUCTION

A L'ÉTUDE COMPARÉE DES TONALITÉS,

ET PRINCIPALEMENT

DU CHANT GRÉGORIEN ET DE LA MUSIQUE MODERNE;

Par M. Joseph D'ORTIGUE.

L'organe de l'ouïe a évidemment produit la parole, la poésie, la musique, et la parole, la poésie, la musique ont tout aussi évidemment produit les perfectionnements de la civilisation.

Ch. Nodier, *Notions de Linguistique.*

BIBLIOTHÈQUE

PARIS,

L. Potier, libraire, 9, quai Malaquais.

1853

A MADAME

MARIE MENNESSIER-NODIER.

PHILOSOPHIE DE LA MUSIQUE.

— 1845. —

I.

*De l'organe vocal dans l'homme. — Deux élé-
ments constitutifs de la parole : la voyelle
et la consonne. — La voyelle, élément musical. — Distinction du chant naturel et du
chant musical.*

La musique a pour premier élément le
son, et la voix de l'homme pour premier
instrument.

Ce qui constitue l'organisation de l'homme
pour la parole constitue aussi son organisation pour la musique. Cette proposition se
démontre d'elle-même (1); mais il y a

(1) « L'homme est arrivé. — Il tenoit de la
nature animale la propriété de la vocalisation ou du
cri ; il lui devoit l'instinct d'imitation, qu'il partage
avec des races entières de quadrupèdes et d'oiseaux,
et que nous verrons devenir l'agent méchanique le
plus ingénieux de la pensée dans la formation
des langues parlées et des langues écrites. Il

une différence immense entre la parole ou le langage articulé et le langage inarticulé ou la musique.

La parole réclame le concours de deux éléments : l'élément vocal ou la Voyelle, et l'élément consonnant ou la Consonne.

La voyelle est l'élément positif du son; elle est l'émission du son, émission modifiable par l'accent, par l'inflexion, par le circuit de l'aigu au grave et du grave à l'aigu; mais émission inarticulée; car, en tant qu'élément positif du son, elle est illimitée en ce qu'elle ne rencontre sa limite que dans

avoit par-dessus toutes les espèces l'heureuse conformation d'un organe admirablement disposé pour la parole, instrument à touches, à cordes et à vent dont la construction sublime fera le désespoir éternel des facteurs et qui module des chants si supérieurs à toutes les mélodies de la musique artificielle, dans la bouche des Malibran et des Damoreau. Il avoit dans ses poumons un soufflet intelligent et sensible; dans ses lèvres, un limbe épanoui, mobile, extensible, rétractile, qui jette le son, qui le modifie, qui le renforce, qui l'assouplit, qui le contraint, qui le voile, qui l'éteint; dans sa langue, un marteau souple, flexible, onduleux, qui se replie, qui s'accourcit, qui s'étend, qui se meut, et qui s'interpose entre ses valves, selon qu'il convient de retenir ou d'épancher la voix; qui attaque les touches avec âpreté ou qui les effleure avec mollesse; dans ses dents, un clavier ferme, aigu, strident; à son palais, un tympan grave et sonore : luxe inutile pourtant s'il n'avoit pas eu la pensée. Et celui qui a fait ce qui est n'a jamais rien fait d'inutile : l'homme parla parce qu'il pensoit. » — *Notions de linguistique*, par Ch. NODIER; Paris, Renduel, 1834, *Introd.*, p.13.

l'articulation de la consonne. La voyelle n'a nul besoin de mettre en jeu les touches de la parole. Dans le langage, elle ne sert, comme on l'a dit, qu'à vocaliser la lettre consonnante, en faisant pour elle l'office du soufflet dans l'orgue, ou de l'*âme* dans le violon. Elle ne saurait par elle-même fournir aucune notion relative à ce qui est des mots radicaux d'une langue, non plus que de l'étymologie. Elle ne peut donc être considérée comme constituant seule la parole; elle n'en forme, pour ainsi parler, que le fonds sonore.

La consonne est cet élément matériel du langage qui sonne avec la voyelle, comme son nom l'indique, qui s'assimile l'élément positif du son, en se l'incorporant et en le limitant dans l'espace et dans la durée, qui le modifie par une foule d'articulations variées, l'arrête, le colore, engendre le mot radical, et produit le verbe (1). La consonne, en limitant le son, détermine donc et forme la parole; elle la crée, car la création, c'est l'acte par lequel une substance est manifestée extérieurement par la réalisation de sa forme et sous la condition de sa limite (2).

Pour rendre plus sensible encore cette distinction des deux éléments nécessaires

____

(1) *Notions de linguistique*, pp. 107, 118.
(2) Dieu, en créant l'homme et les objets qui composent l'univers, n'a fait que réaliser hors de lui, en les limitant dans le fini, quelques-unes de ses pensées infinies.

à la parole, considérons l'enfant. « On a longtemps cherché, dit J.-J. Rousseau, s'il y avait une langue naturelle et commune à tous les hommes ; sans doute, il y en a une, c'est celle que les enfants parlent avant de savoir parler. Cette langue n'est pas articulée ; mais elle est accentuée, sonore, intelligible. » Ainsi, chez l'enfant, l'élément vocal est développé dès la naissance. Cet élément vocal lui fournit l'expression des sentiments qu'il éprouve ; l'enfant a divers accents, diverses inflexions pour la joie, la plainte, la frayeur, le désir ; voilà son langage. Lorsque plus tard, doué du sens d'imitation, l'enfant se forme une parole, et cela, avant même qu'il puisse comprendre la parole ; lorsque, à mesure que ses organes s'exercent et que les perceptions de son ouïe se classent, il articule successivement les consonnes *labiales*, les *nasales*, les *dentales*, les *sifflantes*, etc., etc., et qu'enfin il se met en possession de tous les instruments de la parole ; l'enfant n'ajoute rien à cet élément vocal qui subsiste indépendamment de tout procédé technique et conventionnel du langage et qu'il partage, comme on l'a observé, avec des races entières de quadrupèdes et d'oiseaux.

Or, cet élément vocal ou la voyelle, qui n'est que le fonds sonore de la parole, c'est là proprement le principe essentiel de la musique. Il est évident qu'il existe un abîme entre le sens précis et déterminé propre à la parole et cet autre sens que développe la musique ; il est évident que l'expression de l'idée est absolument interdite à cette dernière. Aussi son expression est-elle toujours indéterminée et vague. Mais dans le cercle qui lui est propre, et si borné qu'il soit, cette expression acquiert une grande extension et devient même indéfinie, à raison même de son vague. L'homme qui est transporté de joie, de douleur, de colère, d'amour, s'exprime par de simples interjections, par de simples inflexions de voix. C'est là la vraie puissance de la musique. Dans cet ordre de sentiments, son expression est illimitée, parce que le langage musical n'admet pas l'élément de la consonne qui, déterminant la parole, limite le son par une multitude d'articulations.

« Il existe donc, a dit excellemment Villoteau, entre la musique et le langage, une analogie naturelle qui unit intimement ces deux arts l'un à l'autre, par les principes qui les constituent essentiellement....... En effet, c'est par l'organe de la voix et par des sons que se forme le chant, qui est la partie essentielle et primordiale de la musique, de même que c'est par l'organe de la voix et par des sons que se manifeste l'expression de nos sentiments dans le langage. On ne peut donc nier que l'expression inarticulée des sons ne soit tout à la fois la partie essentielle et de la musique et du langage des mots (1). »

Après ces paroles, nous pouvons citer un

______

(1) *Recherches sur l'analogie de la musique et des arts qui ont pour objet l'imitation du langage,* tom. II, p. 582.

fait bien singulier. Démétrius de Phalère raconte que « en Egypte les prêtres invoquent les Dieux avec les sept voyelles qu'ils chantent l'une après l'autre, et le son de ces lettres, à cause de l'euphonie, s'emploie au lieu de la flûte et de la cythare. » Ces sept voyelles étaient *a, é, ê, i, o, ô, u.* Chacune était, ainsi que chaque jour de la semaine, assignée à un Dieu. Emettre une de ces voyelles, c'était invoquer une divinité (1).

De ce qui précède, il suit que l'homme peut chanter sans parler, mais que, dans un sens très-réel, il ne saurait parler sans chanter, puisque le son vocal ou l'élément du chant est la base de la parole. C'est d'après ce principe que Platon a dit que les *discours sont une partie de la musique* (2) et que suivant Vossius, *tout discours est une espèce de chant* (3).

L'homme chante par cela seul qu'il parle, comme il parle par cela seul qu'il pense.

Lorsque nous disons d'un discours oiseux et insipide : *Chansons que tout cela !* nous exprimons fort bien que toutes ces paroles n'ayant aucun sens, il ne reste qu'une série de sons, un vain bruit.

On connaît le mot de César à un poëte

(1) Voir l'ouvrage de Chabanon intitulé : *De la musique considérée en elle-même et dans ses rapports avec la parole, les langues, la poésie et le théâtre;* 1785, p. 198, et le livre du P. MÉNESTRIER, *Des représentations en musique ancienne et moderne,* p. 88.

(2) *De rep.,* lib. II.

(3) « Cum vero omnis sermo sit veluti cantus quidam. » — *De poematum cantu et viribus rhythmi.*

qui lui faisait une lecture : *Vous chantez
mal si vous prétendez chanter ; et si vous
prétendez lire, vous ne lisez pas, mais vous
chantez* (1).

La seule différence qui existe entre le
chant produit par la voix de l'homme qui
parle et le chant musical, c'est que, dans le
premier, la voix parcourt des intervalles
extrêmement rapprochés les uns des autres,
indéterminés, qui ne peuvent être ramenés
à aucune gamme, et par cela même inappréciables; tandis que dans le second, elle
observe des intervalles déterminés, appréciables, perceptibles, c'est-à-dire qui appartiennent à une gamme connue, et dont l'oreille
peut assigner la place dans l'échelle des sons.

Dans l'antiquité, la musique étant liée
étroitement au langage, la distinction de
ces deux sortes de chants était trop importante pour qu'elle pût être négligée et par les
musiciens et par les orateurs. Suivant Aristoxène, « il fallait que, dans le chant, le
mouvement de la voix fût séparé par des
intervalles, afin que de cette manière le
chant musical fût distingué de celui qui a
lieu dans le discours; car on dit que le
discours forme une espèce de chant qui se
compose des accents que nous ajoutons aux
mots. En effet, il est naturel d'élever et
d'abaisser la voix en parlant....... Il est
clair sous tous les rapports, continue le
même écrivain, que le chant musical diffère de celui qui se forme par les seules

____

(1) *Voy.* le P. MÉNESTRIER, *loc. cit.*, p. 37.

dispositions naturelles, en ce qu'il emploie un autre intervalle et un autre mouvement de la voix que celui qui est modulé et plus informe (1). » Suivant Cicéron, « toute espèce de prononciation renferme une espèce de chant, non un chant musical...., mais un chant peu marqué (2). » J.-J. Rousseau a dit ensuite : « Il n'y eut point d'abord d'autre musique que la mélodie, ni d'autre mélodie que le son varié de la parole; les accents formaient le chant, les quantités formaient la mesure (3). »

Dans la parole les intonations sont donc inappréciables, parce que, loin d'être réglées par le sentiment d'une *tonalité*, ou soumises aux lois d'un ton musical fondamental, elles sont dirigées par des inflexions conformes au mouvement de la pensée, à la véhémence de la passion, au sens de chaque mot.

Le chant seul, au contraire, est contraint, dans la nécessité de former un sens musical, de procéder par intervalles appréciables et déterminés pour que ces intervalles puissent être distinctement perçus par l'oreille.

Ainsi, dans la musique, les conditions du sens exigent que le son se crée à lui-même une limite dans des intervalles fixes pour former la langue des sons, de même que, dans la parole, le son vocal réclame impé-

(1) Aristox., *Harmon. Elem.*, lib. i, p. 18.
(2) Cic., *De orat.*
(3) *Essai sur l'origine des langues.*

rieusement la limitation de la consonne pour former la langue articulée.

Prenant pour point de départ cette observation que la parole comporte une espèce de chant composé d'intonations inappréciables et de vocalisations libres, en tant qu'elles sont uniquement déterminées par les accents et les inflexions propres au sentiment qu'elle exprime, et que la musique livrée à elle-même parcourt des intervalles fixes et saisissables à l'oreille pour former un sens, nous arrivons à comprendre que, dans les *tonalités* ou systèmes musicaux qui sont basés sur l'élément nécessaire de la parole et inséparables d'elle, l'échelle des sons était constituée sur de très-petits intervalles, comme des quarts de ton. Mais nous reviendrons bientôt sur ce sujet.

Si l'élément vocal est la base de la parole, les sons vocaux doivent être les mêmes, dans toutes les langues et dans tous les alphabets, puisque c'est là la partie invariable du langage de l'homme. Il n'en est pas ainsi quant à l'élément de la consonne ; car si la voyelle est le langage universel, la consonne est l'élément par lequel le langage se particularise et se diversifie. Il y a plus : certaines consonnes sont propres à certaines langues et à certains peuples, et donnent lieu à ces articulations caractéristiques dont l'imitation est si difficile pour tout individu appartenant à un peuple étranger (1). Et

(1) Frédéric Schlegel a dit : « Les consonnes pures et propres sont ce qu'il y a de caractéristique

voilà ce qui donne lieu aux diverses tonalités ; car, bien qu'une tonalité devienne générale et soit chantée universellement,
d'autres tonalités ne subsistent pas moins,
qui se maintiennent sous l'empire de la tonalité dominante. Aujourd'hui même, malgré l'extension de notre système, il est
impossible de méconnaître, dans la musique
de chaque nation, certains caractères particuliers, et ce sont ces différences qui donnent lieu à la distinction des écoles.

Nous voyons de plus que certains types caractéristiques de tonalité se perpétuent dans les chants populaires, dans ces
airs indigènes, particuliers aux provinces,
qui sont, relativement à notre musique,
comme autant d'idiomes et de dialectes.
Antérieures à notre système, et ayant certainement contribué d'une manière occulte
à sa formation, ces tonalités populaires se
conservent, ainsi que les langues locales,
les patois, antérieurs à nos langues, se
conservent sous l'empire de la langue commune. C'est là une question d'un haut intérêt, qui a besoin d'être vérifiée par une
étude approfondie de l'histoire des races
humaines et des langues, et qui pourrait
devenir en temps et lieu l'objet de ce que
nous appellerions l'ethnographie musicale.

dans une langue : elles en sont le corps. Les voyelles contiennent la partie musicale, et répondent au
principe de l'âme. » — *Hist. de la Littér.*, traduct. de
M. W. Duckett, t. Ier, p. 215. — Winckelmann fait
aussi la même observation à propos des Grecs de
l'Asie Mineure. — *Hist. de l'Art*, liv. I, ch. 3.

Après avoir considéré le son vocal comme élément musical dans l'homme, considérons l'élément musical hors de l'homme, savoir le *son* tel qu'il nous est donné par la nature physique, en un mot, ce qui composait pour les anciens l'*harmonie universelle* ou l'harmonie de l'univers; puis nous passerons immédiatement à la formation des *tonalités*.

II.

Principe de la musique dans la nature, ou harmonie universelle. — Echelles. — Gammes.—Tonalités. — Deux tonalités à notre usage. — Sur quoi sont basées les tonalités anciennes et celles de l'Orient.

Les êtres créés ont une parole, suivant le Roi-Prophète. « Cette parole s'est répandue dans toute la terre, et elle a retenti jusqu'aux extrémités du monde : *In omnem terram exivit sonus eorum, et in fines orbis [terræ verba eorum* (1). » Et le Seigneur a dit à Job : « Qui assoupira les harmonies des cieux ? *Concentum cæli quis dormire faciet* (2)? » Aussi l'homme ne se contente pas de ce merveilleux instrument de musique qui est sa propre voix; il se sert encore de certains corps étrangers pour en faire des intruments destinés à remplacer la voix humaine ou à l'accompagner ; et, remarquons-le dès à présent, il y a une sorte de hiérarchie entre ces instruments, sui-

(1) *Ps.* xviii.
(2) *Job*, xxxviii.

vant qu'ils imitent plus ou moins la voix humaine. Le principe de la musique est donc en tout ce qui existe : il est dans l'homme comme dans tous les ordres de la création inférieure. Les mille voix de l'univers, ce concert unanime des êtres, c'est ce qu'on a appelé l'harmonie universelle, la musique créée dont nous ne pouvons percevoir que quelques notes.

« La musique créee, dit le P. Mersenne, comprend les rapports harmoniques, les sons, les mouvemens et les alterations particulieres de chaque espece, car si nous pouvions entendre le chant de tous les oiseaux, la voix de tous les animaux, les bruits de tous les tonnerres et des vents, et que nous considerassions leurs differences et leurs proportions, nous y trouverions une admirable harmonie..... Mais ce son est trop esloigné de nous, trop grave, trop aigu ou trop grand pour estre entendu, ce qui arrive à plusieurs autres choses; car nous ne pouvons ouïr le son ou le bruit que font les fourmis et les autres petits animaux quand ils marchent, qu'ils courent, qu'ils se traînent, ou qu'ils volent, d'autant que le son est trop petit et trop foible. D'où nous pouvons conclure que le son a deux extremitez qui nous sont imperceptibles : l'une quand il est trop fort, trop violent, et l'autre quand il est trop foible et trop petit; l'une quand il est fait par un mouvement trop petit ou trop lent, et l'autre quand il est fait par un mouvement trop viste, trop grand et trop précipité ; car l'une et l'autre de ces extremitez surmonte la sphère que l'oreille a

pour son activité et son estendue..... Je ne
doute pas que l'auteur de la nature n'ait si
bien disposé les especes de l'univers les
unes avec les autres, que leurs relations,
leurs dependances, leurs mouvemens et
leur ordre loüent le Créateur et font les cadences naturelles d'un mode très-parfait,
puisque Dieu est le maistre du concert (1). »

Supposez à présent un vaste clavier comprenant tous les sons de la nature perceptibles à nos sens, comprenant le diapason de
la voix humaine, l'étendue de la voix des
animaux, les timbres, les accents infiniment
variés de tous les corps ; divisez ces sons en
intervalles aussi rapprochés qu'on puisse le
concevoir, de telle sorte que chacun, si petit
qu'il soit, ait sa touche correspondante
dans ce clavier universel : voilà le type de
la musique à l'usage de l'homme, le type
de la musique vocale et instrumentale, et
comme l'alphabet universel de la langue des
sons.

Prenez ensuite à volonté, dans cette
échelle immense, un son considéré comme
corde fondamentale ; mettez cette corde en
vibration ; elle produira, avec le son générateur, d'autres sons appelés ses harmoniques, parties intégrantes de ce son producteur. De ces sons harmoniques ou générés,
les uns sont certains, c'est-à-dire immua-
bles, en ce qu'ils occupent toujours le même

(1) *Traité de l'harmonie un'verselle*, in-8°, 1627,
pages 65 et 348 combinées.

intervalle à l'égard du son fondamental, et
quelle que soit la nature du corps sonore
mis en vibration ; les autres sont incertains ;
il en est même deux qui manquent de justesse relativement aux habitudes de notre
oreille. Tout le monde nous comprendra
lorsque nous dirons qu'au nombre des intervalles certains se trouve l'*octave*, et l'octave étant la répétition au grave ou à l'aigu
du son fondamental, partage la série générale des sons en autant de divisions identiques. Ces divisions, quel que soit leur degré
d'abaissement ou d'élévation, peuvent donc
être ramenées à un type unique. Or, la
gamme, c'est-à-dire la succession de certains
sons fixes compris dans l'étendue de l'octave,
la coordination et la subordination de
ces sons à l'égard du son fondamental ou
tonique, c'est là ce qui constitue la *tonalité*.
Les tonalités peuvent donc être constituées
de diverses manières. Nulle n'est essentielle
en elle-même. Seulement elles possèdent
toutes, au nombre de leurs intervalles, les
harmoniques fixes et certains de la tonique,
produits du phénomène simple de la résonnance (1), et qui, par cela même, doivent

(1) Nous disons *phénomène simple* de la résonnance, parce que toute corde mise en vibration
donnant pour aliquotes sa 8°, sa 12°, sa 15°, sa 17°,
sa 21°, sa 22°, sa 23°, sa 24°, sa 25°, sa 26°, etc.,
il s'ensuit que si l'on supprime de cette échelle harmonique les octaves comme ne formant qu'un seul
son avec le son qu'elles redoublent, il ne reste aux
trois premiers degrés de l'échelle harmonique, avec
le son générateur supposé *ut*, que la 12° *sol*, et la
17° *mi*, toutes trois formant accord parfait. Les trois

être considérés, avant tous les autres, comme parties intégrantes du son producteur; et, quant aux autres intervalles, ils peuvent être réduits à un petit nombre, ou bien être multipliés d'une manière presque indéfinie, suivant la nature et la fonction de chaque tonalité.

Parlons immédiatement des deux tonalités qui sont familières à notre oreille. Ceci nous aidera à comprendre ce qui doit être dit de la constitution des tonalités qui sont tout à fait étrangères aux habitudes de notre organisation.

La première est fondée sur ce principe, que les intervalles qui composent la gamme, au nombre de huit, diatoniques et naturels, n'ont aucune relation nécessaire les uns avec les autres, ni aucune affinité ou attraction entre eux. D'où il résulte que chaque degré pouvant être le terme de la succession, emporte virtuellement l'idée de repos et d'un sens complet. Telle est la constitution des systèmes de musique religieuse et particulièrement du chant grégorien. Voulant, pour nous rendre intelligible à tout le monde, nous abstenir, autant que faire se peut, d'explications techniques, nous recourrons aux comparaisons toutes les fois

degrés suivants de cette échelle appartiennent à un accord étranger au son générateur, et, par leur éloignement, ils sont le résultat du phénomène composé de la *résonnance*. C'est, pour le dire en passant, au moyen de cet accord composé que s'est formée l'harmonie dissonante.

qu'il nous sera possible d'arriver par ce moyen du connu à l'inconnu. Concevons donc une langue composée d'un certain nombre de substantifs qui n'admettraient pas l'adjonction de l'article, comme le mot *Dieu*, par exemple : monosyllabes sublimes, identiques au fait même de l'institution de la parole, interjections immenses qui embrasseraient tous les sentiments d'adoration, de contemplation, d'extase; qui contiendraient toutes les idées de durée, de permanence, d'infini, et comme tous les attributs de l'Etre incréé, immuable, éternel, *en qui il ne saurait exister ni changement, ni ombre de vicissitude* (1); une langue pour les éléments de laquelle nul mode de succession déterminé, puisque tous, quel que fût leur rang par rapport les uns aux autres, viendraient se confondre et s'absorber dans l'unité de Dieu, et nous comprendrons la nature de la constitution du plain-chant (2).

La seconde est constituée de manière

(1) *Pater luminum, apud quem non est transmutatio, nec vicissitudinis obumbratio.—Jacob.*, i, 17.

(2) Il n'est pas besoin de prévenir qu'il n'existe aucune langue du genre de celle dont nous parlons ici. Mais nous trouvons dans l'*Apocalypse* un verset qui peut justifier la supposition que nous faisons, en même temps qu'il peut faire comprendre ce que nous disons du caractère de la tonalité ecclésiastique. Voici ce verset : *Dicentes : Amen, benedictio, et claritas, et sapientia, et gratiarum actio, honor, et virtus, et fortitudo Deo nostro in sæcula sæculorum. Amen. — Apoc.*, vii, 12.

que les degrés, les mêmes que ceux de la
tonalité du plain-chant, peuvent chacun
donner naissance à deux nouveaux intervalles, l'un par la propriété du *dièse*, l'autre
par la propriété du *bémol;* ce qui porte à
douze le nombre des sons compris dans l'é-
chelle; ce qui porte également à douze le
nombre de gammes ou de tons appartenant
à notre tonalité. Le mode de succession
entre les intervalles est déterminé par diverses affinités et attractions qui leur sont
propres, et qui, si nous pouvons ainsi
parler, les *incitent*, celui-ci à descendre
sur le degré inférieur, celui-là à s'élever
au degré supérieur, un troisième à persister en lui-même comme sur un point
de repos. Tous ces intervalles sont sus-
ceptibles de s'attribuer les fonctions les uns
des autres, de substituer accidentellement
à leurs propriétés naturelles les propriétés
des autres intervalles, et de changer, dans la
même proportion, les attributions respec-
tives de ceux-ci. D'où il suit que chaque degré isolé ne renfermant pas en lui-même un
sens complet, loin de pouvoir être arbitrai-
rement le terme de la succession, il ne saurait être regardé autrement que comme élément de cette succession dont le mode est
déterminé par les propriétés naturelles ou
transitionnelles des intervalles, conformément au sens musical qu'ils concourent à
développer. Ainsi, dans le langage habituel,
des mots pris séparément, bien qu'expri-
mant chacun une idée particulière, ne peuvent
collectivement former un sens suivi qu'autant qu'ils sont liés entre eux par ce qu'on

appelle les parties du discours, et qu'ils se rangent sous les lois de la construction grammaticale.' Telle est la tonalité actuelle. Bornons-nous, pour le moment, à donner une idée de ces deux tonalités, auxquelles nous ne tarderons pas de revenir pour expliquer et leur raison d'être et le principe de leur origine.

Nous avons dit que dans le simple acte de la parole, la voix parcourt un circuit d'intonations inappréciables à l'oreille, mais déterminées par le sens et le sentiment inhérents à chaque mot; qu'ainsi la parole forme un chant réel, qui ne diffère du chant musical qu'en ce que, dans celui-ci, la voix parcourt des intervalles parfaitement appréciables et distincts.

Nous avons dit aussi qu'entre la parole et la musique, telle que nous concevons cette dernière, et antérieurement aux deux tonalités dont nous venons de parler, il existe d'autres tonalités qui procèdent par des intervalles excessivement rapprochés les uns des autres, lesquels correspondent à des *tiers* et des *quarts de ton.* Il est bien évident que ces tonalités sont basées sur l'alliance étroite de la parole et du chant, que la parole est un élément intime de leur constitution, et qu'on ne peut trouver la raison de ces tonalités qu'en remontant à l'institution de la parole (1). On fera

(1) Dans l'analyse d'une leçon prononcée par M. Fétis au Cercle artistique et littéraire de Bruxelles, on lit ce qui suit : « Ici le savant professeur

des volumes sur cette matière sans rien expliquer, aussi longtemps qu'on s'obstinera à se restreindre dans le cercle spécial de l'art purement musical. Le fait de l'existence de ces tonalités n'est pas un de ceux qui se dérobent pour jamais à notre investigation. Ce fait se perpétue dans l'Inde et dans l'Egypte moderne. Les Hindous divisent leur échelle en vingt-deux parties, c'est-à-dire en intervalles formant presque des quarts de ton. Cette échelle est partagée en un nombre considérable de modes, que

fait cette observation profonde que *les petits intervalles des sons de ces systèmes* (les anciens systèmes de musique), *étaient des accents nécessaires pour les peuples sensuels et voluptueux des populations orientales.* De là vient que dans l'Inde, dans la Perse, dans la Syrie, chez les Arabes, dans l'Asie Mineure et dans la Grèce, aux temps les plus anciens, *ces intervalles sont des quarts et des tiers de ton.* Des documents authentiques venant de l'Inde et de la Perse, et dont l'antiquité remonte à 1500 ans avant l'ère chrétienne, cités par M. Fétis, prouvent ses assertions à ce sujet. Quant à la musique des Arabes, elle existe encore telle qu'elle était aux temps les plus anciens. Enfin, les mélodies enharmoniques d'Olympe, qui vivait deux cents ans avant la guerre de Troie, et qui sont citées par Aristote comme étant encore connues de son temps, ne sont pas autre chose que cette musique par quarts et par tiers de ton. —*Gazette et revue musicale* du 14 avril 1850.»— De bonne foi, comment admettre que *ces petits intervalles de quarts et de tiers de ton, accents nécessaires aux peuples sensuels et voluptueux* de l'Orient, ne soient pas *les accents nécessaires* de leur musique et de leur langage? Comment admettre une distinction entre les accents de l'une et les accents de l'autre?

l'on peut évaluer de trente à trente-six. Le système des Arabes et celui des Perses sont, dans leur sphère particulière, composés d'une manière analogue et comportent des intervalles très-petits, imperceptibles, en quelque sorte, par rapport à nous, quant au degré qu'ils marquent dans l'échelle. Or, s'il est une chose incontestable, c'est que ces petits intervalles sont autant d'accents, autant d'inflexions au service, non du sens musical, mais de la parole, et leur fonction essentielle est de fortifier, dans toutes ses nuances, l'expression de celle-ci. Aussi les musiciens hindous disent-ils que chaque mode est l'expression d'une passion, et, dans la langue sanskrite, le mot *raga*, qui signifie *mode*, correspond à une passion, à une affection de l'âme (1). De pareilles tonalités sont inharmoniques évidemment, puisque, expression et auxiliaires de la parole, elles ne sauraient admettre d'autre mode de manifestation que le mode de manifestation propre à la parole, savoir le mode successif sans le concours à quelque degré que ce soit de l'élément des sons simultanés, élément purement musical et dont l'effet serait de paralyser l'action de la parole, paralysé par elle à son tour. Exécutés à plusieurs voix, les chants appartenant à ces

(1) C'est peut-être d'après ce principe que saint Augustin a dit : « Mira animi nostri cum numeris cognatio... Omnes affectus spiritus nostri pro sui diversitate habent proprios modos in voce, atque cantu, quorum occulta familiaritate nescio qua excitentur. » — *Conf.*, lib. **x**, cap. 33.

tonalités ne peuvent comporter que l'unis-
son. Ces tonalités ont donc dans la parole leur harmonie essentielle ainsi que
leur raison. Privées de l'harmonie, elles
sont encore, et pour le même motif, privées
de l'élément de la mesure, car la mesure,
partageant le temps en divisions égales et
symétriques, anéantirait radicalement cette
autre mesure libre et naturelle qui naît de
la prosodie, c'est-à-dire de l'observation
dans le langage des syllabes longues et des
syllabes brèves, des désinences, des pro-
longations et des inflexions nécessaires à
l'énonciation de l'idée et à la manifestation du sens intellectuel, c'est-à-dire le
rhythme.

Voilà pourquoi, dans l'antiquité comme
chez les peuples modernes de l'Orient,
la musique est le seul art auquel on a attribué une origine divine ; voilà pourquoi
elle est partout représentée comme opé-
rant des prodiges : origine et prodiges
dont on s'est tant moqué, et, disons-le,
avec si peu d'intelligence. Voilà pourquoi, chez les Chinois, chez les Égyptiens, chez les Grecs, la musique était
réglée par des lois, pourquoi le mot *loi*
correspondait au mot *chant*, pourquoi les
musiciens étaient légistateurs, pourquoi il
était défendu sous les peines les plus sévè-
res de rien changer à la théorie de cet art
et d'ajouter une corde à la lyre ; pourquoi
Platon disait, en parlant des lois musicales :
« Ces espèces et quelques autres une fois
réglées, il n'est plus permis à personne

d'en changer la destination, en les transportant à une autre mélodie; pourquoi enfin le musicien Phrynis ayant porté à neuf les cordes de la lyre, au lieu de se borner à sept, l'éphore Emérépès coupa les deux cordes ajoutées en s'écriant : *Ne viole pas les lois de la musique.* C'est que la musique était la parole élevée à sa plus haute puissance.

Mais on sentira qu'à mesure que la musique se détacha de la parole pour se développer dans son principe interne et pour former un art individuel, elle fut contrainte de chercher dans l'énergie de ses propres éléments un sens, une signification que la parole ne pouvait plus lui donner. Elle trouva les éléments de ce sens dans une division d'intervalles beaucoup plus éloignés, parfaitement limités les uns par rapport aux autres, et, par cela même, appréciables, saisissables et distincts à l'oreille. Ce ne furent ni les aristoxéniens, qui voulaient qu'on fixât les intervalles en invoquant le seul jugement de l'oreille; ni les pythagoriciens, qui prétendaient soumettre les sons au calcul des rapports, qui arrêtèrent les bases des nouvelles échelles. Ce n'est pas par des moyens semblables que se font les tonalités. Elles ne s'improvisent pas ainsi *a priori* par voie de combinaison et de délibération. Bien que conventionnelles, en ce sens que leur constitution, sauf les intervalles produits du phénomène de la résonnance, n'émane pas d'un principe essentiel, nécessaire, identi-

que à l'institution de la musique; comme
les langues!, elles s'élaborent lentement
dans les profondeurs de l'organisation humaine et jaillissent spontanément du travail
et du concours d'une foule de choses com-
plexes, telles que l'éducation de l'ouïe, les
conditions du climat, les facultés physiologiques distinctives des races, les éléments
du langage, etc., etc. Et puisque les langues
n'ont pu agir sur la constitution des systèmes
musicaux par les sons vocaux, identiques
dans le langage de tous les pays, il est évident que c'est par l'élément de la consonne
qu'elles ont influé sur les dernières tonalités,
bien que celles-ci soient séparées de l'élément de la parole.

Ainsi, diverses entre elles quant à la
coordination des intervalles et à la subordination de ceux-ci au son fondamental ou
tonique, les tonalités rentrent néanmoins
les unes dans les autres par les intervalles
communs à toutes, et qui sont le produit
simple de la résonnance.

D'après ce qu'on a vu plus [haut, qu'à
mesure que la musique, absorbée jadis dans
la parole, et tendant à se dégager de ses
liens comme à se développer dans son
principe interne pour former un art à part,
était forcée de chercher dans une division
d'intervalles fixes et appréciables les éléments d'un sens propre, on pourrait s'éton-
ner, au premier coup d'œil, que, dans la
tonalité actuelle, postérieure à celle du
plain-chant et issue de cette dernière, l'é-
chelle soit divisée en douze demi - tons,

tandis que la tonalité du plain-chant ne comporte que sept tons naturels.

Mais il faut observer ici que la tonalité du plain-chant, constituée au point de vue de l'idée religieuse, doit, à cause de cela même, être beaucoup plus sobre que la nôtre de ces nuances d'expression si bien représentées par le demi-ton. L'échelle du plain-chant ne comporte en effet que deux demi-tons naturels dans chacun de ses modes. Cela suffit entièrement à l'expression de supplication, de plainte, de grave [mélancolie et d'onction, qu'il sait si bien prendre en certaines circonstances.

Ce qui dans notre musique semblerait faire croire, au premier aspect, qu'elle est par son principe plus voisine que le plain-chant de l'institution de la parole, est précisément ce qui prouve à quel point elle est indépendante du langage, à quel point elle cherche à se développer par la seule énergie de ses éléments propres. La division de son échelle par demi-tons ou intervalles chromatiques ; les affinités, les attractions de ces mêmes intervalles toujours plus multipliées ; le développement de son système harmonique fondé sur les attributions de ces mêmes intervalles, ou sur les lois de la gamme ; cette propriété, au moyen de laquelle elle fait naître la sensation incertaine d'une double tonalité, nous voulons dire l'*erharmonie*; l'élément de la mesure qu'elle s'est approprié ; le cercle de son expression qu'elle agrandit incessamment par des accents nouveaux, de nouvelles inflexions, de nouvelles nuances, et par de nouveaux procédés, des ressources nouvelles d'instrumentation : tout cela démontre la plénitude de son développement dans sa marche propre et indépendante.

Elle ne possède pas, comme l'ancienne musique, comme la musique ecclésiastique, un grand nombre de modes correspondant aux diverses affections de l'âme. Elle n'a que deux modes, le majeur et le mineur ; mais, ces deux modes, elle a le pouvoir de les varier, en quelque sorte, d'une manière illimitée, en les reproduisant autant de fois que l'échelle comporte d'intervalles, et en faisant naître le sentiment de plusieurs *tons relatifs* se reflétant les uns dans les autres avec divers caractères, diverses attributions et diverses nuances de sonorité. C'est ainsi que l'art musical, livré à ses propres forces, s'éloigne de plus en plus de la parole ; c'est ainsi que, dans le drame lyrique, son union avec la parole devient de plus en plus artificielle et forcée. Mais il est très-vrai de dire aussi qu'à mesure que l'art musical s'éloigne de la parole, il s'en rapproche toujours davantage, en ce sens qu'il s'empare peu à peu de tous les moyens, non de manifestation au point de vue de l'idée, mais d'expression au point de vue du sentiment, propres à la parole : car, par les petits intervalles de demi-tons, par les sensibles, par les enharmonies, il rentre dans son principe essentiel, savoir l'élément vocal, les accents et les inflexions libres de la nature. Sous ce rapport, on peut affirmer que la musique se retrempe constamment à la source de son origine, qui est celle du langage, et qu'elle tend visiblement à renouer avec le langage, dans un avenir peut-être prochain, une alliance depuis longtemps rompue.

Nous n'aurons plus maintenant à nous occuper que des deux tonalités familières à notre organisation, celle du plain-chant et la tonalité actuelle. Il faut d'abord examiner de quelle manière s'engendrent les éléments distinctifs de ces deux tonalités, et particulièrement du système moderne.

III.

Génération des divers éléments de la musique. — Du mouvement et du rhythme. — De la mesure. — De la mélodie.

La musique procédant par une série de sons pour former un sens, il est évident que le mouvement est inhérent à la musique comme à la parole. Mais il y a deux sortes de mouvements : le mouvement purement matériel, qui est le principe physique du son, et en vertu duquel un son produit d'autres sons, et un autre mouvement intelligent qui, dans la musique et le langage, détermine le mode propre au développement de l'idée, mode nécessairement successif et modifiable en cent manières, par la lenteur, la vitesse, selon le caractère du sentiment qui en est le principe.

Envisagé quant à la série des intonations, ce mode de succession est ce qui constitue la mélodie.

Envisagé quant à ces contours, à ces périodes, à ces ondulations au grave et à l'aigu, que semblent décrire les intonations, ce mode de succession est ce qui constitue le rhythme.

La mélodie et le rhythme sont donc étroitement unis. L'une est le sens et le dessin musical que développe cette série d'intonations ; l'autre est la forme, la proportion de cette succession et de ce dessin.
La mélodie est le principe vital, l'âme de la musique ; le rhythme en est la respiration.

Mais laissons un instant de côté la question de la mélodie, qui ne peut manquer de se représenter plus tard avec celle de l'harmonie.

On s'aperçoit tout de suite combien nous sommes éloigné de partager l'idée de certains théoriciens, qui, selon nous, ont beaucoup trop restreint la notion du rhythme. Confondre le rhythme avec la mesure, faire dériver celui-là de celle-ci, est un principe subversif de toutes les lois de l'art. Car il s'ensuit que toutes les fois que le rhythme non-seulement semblera contrarier la mesure, mais en sera simplement indépendant, on ne manquera pas de se récrier en disant que ces deux éléments s'entre-détruisent ; tandis qu'en effet ce sont les théoriciens dont nous parlons, qui, par leur définition incomplète ou fausse, détruisent le rhythme. Le rhythme est antérieur à tout système de musique ; il ne change pas de nature en entrant

comme élément dans la constitution de l'art;
et cette observation, ajoutée à tant d'autres,
démontre une fois de plus combien il importe de ne pas isoler la musique des lois
générales des êtres, auxquelles tout doit
obéir sous peine de cesser d'exister.

Le rhythme est donc la forme et la proportion du mouvement. Loin d'être engendré par la mesure, il a donné l'idée de la
mesure, qui n'est elle-même qu'une espèce
de rhythme régulier et symétrique. Le
rhythme a un principe intelligent, puisqu'il
obéit au mouvement de l'âme, qui se manifeste par le mouvement mélodique. La mesure n'a qu'un principe matériel, en quelque
manière fatal, puisqu'elle résulte de certaines divisions métriques et rationnelles du
temps ; et les modifications du mouvement,
appelées lenteur et vitesse, et tous leurs
degrés, ces modifications produites par la
prolongation ou la rapidité des durées
égales des temps formant la mesure, ont
leur principe dans la mélodie seule. La
mesure n'est donc pas un élément essentiel,
identique à l'institution de la musique, de
telle sorte que, cet élément absent, l'art
musical serait anéanti. La mesure est à la
musique ce que les lois de la versification sont
au langage ; elle n'est pas essentielle, elle est
conventionnelle. Et de même que la versification ne constitue pas la poésie, et que celle-ci
est indépendante de la forme propre aux
vers ou à la prose ; de même la poésie dans
la musique, c'est-à-dire la beauté, l'inspiration, est indépendante de la mesure, et n'é-

clate pas moins dans la musique *plane*
(*planus cantus, plain-chant*) que dans la
musique mesurée. Les monuments du
chant ecclésiastique le disent assez haut.

Néanmoins, et nous l'avons déjà observé,
la mesure est devenue si inhérente à
notre système musical, par la nécessité où
la musique s'est trouvée, en se développant
dans son principe interne, de chercher en
elle-même son plus haut degré d'expression,
qu'elle peut être considérée comme un
élément essentiel de ce même système.
La mélodie jaillit du cerveau du compositeur, incarnée dans sa mesure fixe,
assouplissant ses formes aux proportions
de celle-ci, s'assujettissant au temps fort et
au temps faible. Ce n'est pas que la mélodie ne puisse momentanément briser ce
joug. Laissant la mesure suivre paisible-
ment son cours régulier, elle a la faculté
d'introduire par le rhythme une mesure ac-
cidentelle dans la mesure fondamentale, et
de combiner ainsi des consonnances et des
dissonnances de temps. De cette manière,
la mélodie et le rhythme reprennent leurs
droits d'antériorité.

Quant au rhythme, il est manifestement
un élément essentiel de toute musique,
puisque toute musique est basée sur le
mouvement. Et, à moins de s'être fait de
fausses notions des choses les plus commu-
nes, il est impossible de ne pas sentir tout
ce qu'il prête de vie au simple plain-chant.
Ces graves périodes s'élevant et retombant

avec magnificence; ces vastes ondulations qui se déroulent dans leur plénitude, se prolongent et montent vers les voûtes du temple; ces alternations incessantes de chants et de repos; ce flux et reflux majestueux de souffles, d'accents, d'aspirations, sont l'effet d'un rhythme d'autant plus puissant qu'il ne s'y mêle rien de symétrique et de régulier.

La mesure est artificielle comme la rime; et la rime, dans la versification, et la mesure, dans la musique, ont une origine analogue. Il est de fait que les premières proses de plain-chant où le chant a été soumis à la mesure, ont été les premières aussi à subir l'addition de la rime. La mesure n'est pas dans la nature : le rhythme est primordial; il est dans tout, et c'est le lieu de le remarquer : quelque fatale que soit en elle-même la loi de la mesure, il est rare, dans l'exécution, qu'elle ne soit pas modifiée par le rhythme. Les compositeurs sentent qu'il en doit être ainsi, en multipliant les repos, les suspensions; en prescrivant de ralentir ou d'accélérer certains passages. Les exécutants le prouvent davantage encore. L'exécution au métronome d'une musique, même d'une musique de danse, serait impossible. C'est que le rhythme tient, ainsi que nous l'avons vu, à la mélodie dont il manifeste le mouvement; à la mélodie, première puissance de la langue des sons, et dont il est la seconde puissance.

Nous avons vu également que le rhythme

appartient en commun à la parole et à la
musique, ainsi qu'à tous les arts, du reste,
qui ont le mouvement pour principe. Il entre
même dans les arts dont le principe est l'immobilité, mais qui figurent le mouvement.
Il y a rhythme dans le langage, prose ou
vers, comme dans la musique plane ou mesurée; il y a rhythme dans la voix, le geste,
la période de l'orateur et de l'acteur, comme
dans les strophes du poëte, comme dans les
pas harmonieux de la sylphide. Il y a rhythme
aussi dans les contours et les ondulations
des lignes d'une statue, d'un tableau, d'un
monument architectural. Mais, à [ne parler
que du langage, qu'est-ce qui prête tant de
force, de puissance et d'antique majesté au
livre des *Psaumes?* Qu'est-ce qui découpe
en groupes harmonieux et variés, en nombres épanouis et sonores, en faisceaux d'ombres et en gerbes lumineuses, les poésies
bibliques? N'est-ce pas le rhythme? Et,
quelque impossible qu'il soit aujourd'hui de
pouvoir préciser les procédés techniques
des langues antiques, et, conséquemment,
de pouvoir contempler leurs beautés dans
leur première splendeur, ne sentez-vous pas,
à travers les reflets que, du fond des âges,
ces textes sacrés, traduits dans toutes les
langues, projettent jusqu'à nous comme des
rayons affaiblis par des réfractions successives; ne sentez-vous pas, dans ces livres,
même sous le froid tissu et l'enveloppe ina-
nimée de nos langues vivantes, quelque
chose de puissant et de fécond se mouvoir,
palpiter, gronder et tressaillir en bonds gigantesques? Ce quelque chose c'est toujours

le rhythme. Tout ce qui est de combinaison artificielle comme de convention, a disparu de ces merveilleux livres. Les images de la poésie ont perdu de leur opulence et de leur vivacité. Quelquefois même le sens littéral s'est voilé d'un mystère auguste. Le rhythme seul a résisté; il a triomphé des temps et des langues.

Pour achever de rendre sensible l'analogie de la mesure et de la rime, arrêtons un instant nos regards sur cette autre analogie que présentent la forme de nos grands opéras et les drames de Shakespeare. On sait que Shakespeare, guidé par l'instinct de la nature et du vrai, a mêlé alternativement, dans ses drames, les vers et la prose. Ce n'est pas que la prose ne puisse être aussi poétique, aussi noble que les vers; nous l'avons déjà dit. Mais comme il est nécessaire à l'effet du drame que les personnages et les héros mis en action se représentent aux yeux de l'imagination, tantôt dans une stature et des proportions plus qu'humaines et sous des formes conventionnelles en quelque sorte, tantôt dans la nudité des habitudes de la vie réelle et commune, il en résulte qu'il est également nécessaire de mettre dans leur bouche un langage de convention, et de réserver le langage naturel, c'est-à-dire la prose, pour les situations ordinaires. Les conditions de la vérité dans l'art sont souvent des choses convenues et factices, car les arts ont beaucoup moins pour objet la reproduction de la réalité matérielle qu'une expression idéale, bien que le drame puisse parfois opposer l'une à l'autre, ainsi que l'a tenté Shakspeare avec une grande hardiesse de génie. Qu'on examine maintenant nos opéras, et l'on se convaincra que l'usage alternatif du récitatif toujours non mesuré (1) et de la musique mesurée y correspond d'une certaine manière et selon les modifications qu'entraîne la différence des genres, à l'emploi de la prose et des vers dans les drames de Shakspeare. Et cela s'est fait non par la volonté expresse des compositeurs, mais par le sentiment et le besoin de la vérité qui les ont dirigés à leur insu. On ne dira pas que le récitatif est, dans l'œuvre lyrique, un accessoire sans importance. Les récitatifs des beaux opéras de notre grande école, dans lesquels le génie des compositeurs ne brille pas moins que dans tout le reste, sont là pour démontrer le contraire.

Nous avons à examiner présentement l'élément de l'harmonie.

IV.

Continuation du même sujet. — Harmonie. — Harmonie basée sur la consonnance ; — sur la dissonance. — Courte digression.

" Les sons harmoniques produits par un corps sonore mis en vibration ont donné

(1) Il serait puéril d'objecter que les compositeurs mesurent le récitatif. Oui, sans doute, sur le papier pour faciliter l'exécution ; mais dans l'esprit et la conception de l'œuvre, le récitatif est, et doit être non mesuré.

l'idée de l'harmonie. Ainsi, le principe harmonique est en soi indépendant de toute tonalité. Ainsi, dans toute tonalité, harmonique ou mélodique, il y a des éléments communs à toutes les autres, puisque dans toutes, se retrouvent les sons harmoniques produits du phénomène simple de la résonnance. Mais le système harmonique, dans la tonalité qui le comporte, n'est que l'effort par lequel la musique tend à se développer dans sa propre essence, et à s'élever, par l'énergie et la fécondité de ses éléments intimes, à sa plus haute puissance d'expression. On comprendra donc aisément que le système harmonique, dans cette tonalité, ne peut être autre chose que le développement naturel des lois de la gamme, développement en extension de chaque élément considéré isolément dans sa tendance ou son attraction. On comprendra non moins aisément, d'après ce qui a été dit plus haut sur les diverses attributions des intervalles dans l'une et l'autre tonalité, que l'harmonie, *consonnante* dans le système du plain-chant, (si le plain-chant comporte l'harmonie, ce que, pour notre compte, nous sommes loin d'admettre), doit être, dans la tonalité moderne, basée sur la *dissonance* ou l'élément de *transition* : consonnante dans le système du plain-chant, parce que chaque intervalle portant avec soi son sens complet et faisant naître l'idée de repos, ne peut être représenté que par une consonnance, c'est-à-dire par un *accord parfait* au delà duquel l'oreille n'a rien à désirer. D'où il suit que l'idée de la succession se perd et s'absorbe à chaque degré dans l'idée de l'infini, puisque la succession amène sur chaque accord le sentiment de la plénitude, de la durée et de l'unité abstraite.

Mais, dans la tonalité moderne, plusieurs intervalles possédant une propension particulière à se résoudre sur d'autres pour former un sens, et tous d'ailleurs, instruments de la modulation au service de la mélodie, étant doués de la faculté de s'attribuer les fonctions les uns des autres et de substituer à leurs propriétés particulières les propriétés des autres intervalles, l'harmonie doit être, disons-nous, basée sur la dissonnance et sur l'élément de la transition. En effet, il fallait bien que des accords simples ou parfaits, produit immédiat de la résonnance, on en vint tôt ou tard aux accords *composés*, produits de la tonalité; car, dans ce système, le mouvement des intervalles dépend de leurs tendances particulières, des substitutions qui s'opèrent sur chacun, et des transformations qu'ils subissent transitionnellement. D'où la nécessité, pour chaque élément mélodique marquant un degré quelconque de passage, ou manifestant une attraction et une affinité appellatives d'un autre élément, de déterminer, dans l'accord qui lui correspond, une propension analogue. Ainsi, dans ce système, le sens musical parcourt une certaine période successive pour se développer et se compléter, et il reste suspendu jusqu'à ce que la *préparation* ou *l'acte de cadence* se fasse sentir pour amener la résolution sur un point de repos ou tonique, à moins que, par un artifice ingénieux, l'idée prenant tout à coup une nouvelle extension, cette résolution pressentie d'avance, ne fuie encore au moment où l'oreille croyait la saisir, par une transformation subite de la tonique attendue en un intervalle de transition, et que l'incertitude de l'auditeur ne se prolonge à travers une série de modulations imprévues, jusqu'au moment enfin où le terminaison arrive, et d'autant plus agréable qu'elle s'est fait plus vivement désirer. Mais remarquons bien que l'idée de succession domine dans ce système de musique, et qui, le sentiment de repos, loin d'absorber en lui le sentiment de succession, n'est relatif seulement qu'à la durée de la période qui vient de finir, et qu'une fois satisfait, il fait place, à l'instant même, au désir instinctif de nouveaux développements. Et cela est si vrai que, dans tout morceau de longue haleine, la péroraison a besoin de s'appuyer longtemps sur la répétition fréquente de l'accord final. Or, il est de toute évidence que, dans ce système, ces mêmes lois d'affinité et d'attraction qui déterminent le mode de succession des éléments mélodiques, doivent présider à la contexture et aux combinaisons de l'harmonie.

De là cette conséquence que, l'élément harmonique étant contraint de se pénétrer en quelque sorte de la nature et de la propriété de l'élément mélodique, c'est la mélodie qui est la véritable puissance, le principe vital de musique.

Dans chaque élément mélodique réside

en effet la raison de l'accord qui lui correspond. La mélodie est la raison de l'harmonie : isolée, elle a une signification, un sens;
isolée, l'harmonie n'exprime rien que des
rapports d'intervalles qui se résolvent dans
une proportion numérique de sons. Retran-
chez, s'il se peut, d'un tout musical, la partie mélodique; cette harmonie ne réveillera
aucune idée dans votre esprit, ou si, par
intervalles, il vous apparaît quelque lueur
ou quelque ombre d'une idée, ce sera alors
que le mode de succession de la mélodie
aura jeté sur le mode de succession de l'harmonie comme un reflet fugitif de la pensée (1). Aussi l'harmonie n'est pas dépourvue d'un certain mouvement; mais c'est
un mouvement borné, stérile, impuissant à
rien féconder. La mélodie seule possède un
mouvement intelligent, fécond et créateur,

(1) Cette observation n'a pas échappé à Chabanon : « Une expérience simple peut mettre tout le
monde à portée d'apprécier les effets de la mélodie
et ceux de l'harmonie, et peut faire juger entre elles
de la prééminence.

« Qu'on exécute la basse d'un air et tous ses accords, sans indiquer quel en est le chant; ensuite
que l'on chante l'air en le dépouillant de toutes
ses parties harmoniques, des deux parts on verra
le nu; et comparant l'un à l'autre, on sentira que
les accords dénués de chant sont bien peu pour l'o-
reille, et que le chant, même sans accords, peut encore la satisfaire. Le chant est proprement toute
l'essence de l'art; l'harmonie n'en est que le complément. » —*De la musique considérée en elle-même et
dans ses rapports avec la parole, les langues, la poésie
et le théâtre*, p. 30.

parce qu'elle produit le sens musical. Que fait donc l'harmonie si nécessaire pourtant à la mélodie? Elle *l'accompagne*, l'entoure, fait ressortir, met en relief, arrête le sens musical. Lorsque dans un morceau de musique vous voyez la basse, ou bien une ou plusieurs parties intermédiaires suivre un dessin fortement accusé, de telle façon que le sens semble résulter de ce dessin même, ce n'est pas l'harmonie qui produit le sens musical, c'est la mélodie qui se disperse, s'échelonne, s'épanouit, dans les diverses parties du tout. Mais comme cette basse et ses parties intermédiaires sont plus particulièrement les organes de l'harmonie, les musiciens distinguent l'harmonie mélodique et la mélodie harmonique. Le sens musical jaillit directement de la mélodie pour illuminer l'harmonie. Celle-ci, à son tour, s'identifie avec la mélodie et lui donne un corps; en lui servant de limite, elle l'arrête et la fixe.

Ces considérations sur la mélodie et l'harmonie nous conduisent naturellement à dire un mot des aptitudes musicales propres aux peuples du Nord et aux peuples du Midi. Il n'est personne qui n'ait remarqué la prééminence des Italiens, sinon dans la mélodie proprement dite, du moins dans la musique vocale, et la prééminence des Allemands, sinon dans l'harmonie proprement dite, du moins dans la musique instrumentale. Cette observation est inséparable de cette autre observation touchant l'euphonie, la limpidité, la transparence de la langue

italienne, et l'austérité et l'âpreté caractéristiques de la langue germanique. Mais à quoi
tiennent ces diversités de caractères dans
les langues comme dans la musique, si ce
n'est aux influences prépondérantes des lo-
calités qui modifient l'organisation humaine
de manière à déterminer ici, la prédominance de l'élément vocal, de la voyelle, de
l'euphonie mélodique ; là, la prédominante
de la consonne, de l'articulation, qui est
comme le corps et la partie instrumentale
des idiomes ?

Une réflexion en amène une autre. Les
trilles, les roulades, les fioritures, tous ces
ornements prodigués avec un ridicule excès
dans la musique italienne, tiennent, il ne
faut pas s'y tromper, non moins radicalement au caractère vif, expansif, passionné
des peuples du Midi, ainsi qu'aux éléments
de leur langue. Que sont en eux-mêmes ces
ornements, si ce n'est autant de composés
de petits intervalles, de petites intonations
en rapport avec cette multitude d'accents,
d'inflexions à l'aide desquels les méridionaux nuancent leur parole ? Les Italiens
nous ont donné le *port de voix* (porta-
mento), dans lequel la voix coule, pour
ainsi dire, d'une intonation à une autre, et
glisse également sur les divisions les plus
imperceptibles des sons compris entre ces
deux notes. Le violon, l'instrument le plus
propre à l'expression des passions, nous
dirons ailleurs pourquoi, rend parfaitement
ces *ports de voix*, ainsi que ces espèces de
tremblements au moyen desquels l'intona-

tion semble rester quelque temps suspendue, hésitant entre une foule de petits intervalles qui semblent vouloir le disputer au son réel attendu par l'oreille. On sait à quel point nos grands violonistes excellent dans tous ces artifices. Il est de fait qu'aux époques où les Européens se sont trouvés en rapport avec les Orientaux. ceux-ci, dont l'échelle, ainsi qu'on s'en souvient, est divisée par petits intervalles, ont introduit dans notre musique ces sortes de *fredons*, dont nous avons fait de simples ornements, mais qui n'en sont pas moins, dans leur principe, des éléments d'accentuation inhérents à la langue de ces peuples et à leur système de tonalité. Par une raison semblable les vocalises, les roulades, les points d'orgue sont aussi naturels aux Italiens, que l'accent concentré, la rêverie et les harmonies colorées et sauvages le sont aux Allemands. *Affectatur præcipue asperitas soni*, dit Tacite, en parlant des chants guerriers des anciens Germains. Toutes ces choses ont leur excès. D'un côté, l'on tombe dans l'afféterie, le maniéré, le faux brillant qui n'est autre chose que le faux, et, ce qui est pire que le faux, le mépris du vrai; de l'autre, on tombe dans une expression triste et maladive, dans une recherche du vrai exagérée et minutieuse. Mais ces choses ont aussi leur beauté qui s'harmonise avec le naturel des peuples et les conditions du climat. En Italie, c'est la beauté du dehors, vive, sémillante, rayonnant de tous les feux du jour, c'est la grâce insouciante et sensuelle. Dans le Nord, c'est la beauté du de-

dans, la rêverie sombre et la mélancolie
exaltée et profonde.

V.

Langue des sons.—Son expression et ses limites.

Après avoir analysé, suivant l'ordre de
leur génération et de leur production, les divers éléments propres à la musique, examinons de quelle façon ces éléments concourent à la formation de cette langue appelée
la langue des sons. Laissons ici l'exposition
des principes, pour en faire, s'il se peut, une
application vivante. Transportons-nous donc
à une séance du Conservatoire, à l'audition
du premier morceau d'une symphonie.

Un sujet, un motif, une idée s'établit
avec sa tonalité, son mouvement fondamental, son rhythme, sa mesure ; ou bien sort
peu à peu d'une espèce de prélude, d'un
préliminaire appelé introduction, se des-
sine, se met en relief et s'établit définitivement dans l'oreille. Ce sujet se scinde, se
divise ou se développe, puis donne naissance à une ou plusieurs phrases inciden-
tes, lesquelles se rattachent toujours par
quelque côté au sujet principal. On arrive
ainsi à une conclusion qui termine ce que
l'on nomme la première reprise. Cette conclusion, liée d'ordinaire au motif principal, sert à recommencer le morceau, ou
met sur la voie des développements qui
vont suivre. C'est ici la belle partie du morceau de musique, celle ou le sujet princi-

pal, qui domine toujours avec tous ses accidents, est traité conjointement avec tous les sujets secondaires; celle où il s'établit un conflit de tous ces motifs, où toutes ces idées présentées sous un nouveau jour, sous des faces diverses, s'enlacent et s'enroulent dans une savante intrigue, pleine d'intérêt; celle où une lutte, d'abord partielle, puis générale, s'engage entre tous les motifs à la fois, pour arriver à travers mille contrastes, mille jeux de rhythme et d'effet, mille épisodes inattendus, au sujet principal, qui jaillit victorieux de la mêlée, étale de nouveau ses richesses, et les rassemble enfin dans une péroraison triomphante.

Or, n'est-il pas vrai que chacune de ces phrases, de ces périodes, vous donne, ainsi que le motif principal, le sentiment irrésistible d'un commencement, d'un milieu et d'une fin? Quelquefois néanmoins le sens est suspendu comme par une interjection, comme par un point d'interrogation ; le trait reste inachevé, l'accent est entrecoupé, et l'oreille complète ce que la musique sous-entend. N'est-il pas vrai aussi que ce morceau de musique, ainsi conçu dans son ensemble et ses détails, vous donne le sentiment non moins irrésistible de l'unité, d'un plan parfaitement coordonné, de telle sorte que si, dans le courant du morceau, il apparaît pendant quelques instants une phrase, un motif, quelque remarquable qu'il soit en lui-même, mais qui ne se lie pas par quelque point au motif principal, on se sent tout à coup comme dépaysé, et que l'on se

perd dans ce qu'on appelle des hors d'œuvres, des divagations ?

Prenant maintenant une simple phrase
isolée, ne pourrions-nous pas décomposer
ce que nous appellerons ses formes grammaticales, de manière à trouver dans l'accord de la tonique, dans le repos de la
période, dans l'acte de cadence et la résolution, les parties essentielles qui président
à sa construction? Ne pourrions-nous pas
scander telle phrase musicale comme on
scande un vers, et montrer l'élément correspondant à la césure dans le repos de chaque
période, l'élément correspondant à la rime
dans l'identité des désinences, et l'élément
correspondant à la rime masculine ou fémi-
nine, suivant que la terminaison a lieu sur le
temps fort ou se prolonge sur le temps faible? Et soit qu'un rhythme ternaire se joue
dans une mesure binaire, et réciproquement, soit que la phrase fléchisse sous le
mouvement d'un rhythme saccadé, soit que
le rhythme s'assouplisse au gré de la mesure, ne pourrions-nous pas trouver dans
ces combinaisons une sorte d'enjambement,
les strophes boiteuses et les strophes tom-
bant uniformément l'une après l'autre dans
leur carrure pleine et cadencée? La musique enfin n'a-t-elle pas aussi sa ponctuation
dans les divisions de la mesure qui parta-
gent la phrase en fragments, ou qui marquent sa conclusion? Nous adressons ces
questions aux compositeurs, aux artistes, à
tous ceux qui savent entendre. Il faut se
garder sans doute de pousser trop loin ces

rapprochements. Cela suffit pour démontrer, ce nous semble, que les lois de la syntaxe musicale ne sont pas moins évidentes que les lois du langage : les unes et les autres sont identiques,

Mais tout cela, phrase, idée musicale, ou discours musical, *ne prouve rien*. Sans doute, nous l'avons déjà dit, tout cela ne prouve rien au point de vue de l'idée pure ; car le langage musical se composant uniquement de l'élément vocal et excluant l'élément de la consonne, tout sens intellectuel lui est interdit. Mais cela prouve apparemment quelque chose, puisque cette phrase et sa construction, et ses formes grammaticales, ce morceau de musique, avec son plan, son unité, ses diverses parties, s'enchaînant les unes aux autres, tout cela existe, non par la volonté des musiciens, qui, loin d'avoir songé à l'inventer, n'y ont pas même réfléchi, mais par les lois impérieuses de la logique universelle ; tout cela subsiste comme les lois de la syntaxe, les parties du discours subsistent indépendemment de toute convention, les plus grands écrivains étant forcés de les subir et ne pouvant en aucune façon ni les changer ni s'y soustraire. Et cela prouve beaucoup ; cela prouve que la musique a un sens, un sens réel, qui ne saurait être traduit, il est vrai, par des mots pris dans le dictionnaire, mais un sens que l'homme entend, car l'homme chante naturellement, comme il parle naturellement.

Disons-le donc en nous résumant : la mu-

sique est une seconde parole, une transformation et un auxiliaire de la parole ; elle
est un auxiliaire de la parole et elle n'a pas
d'auxiliaires. Le premier chant de l'homme
fut une parole, et sa première parole fut un
chant. Aujourd'hui même, que la musique
s'est développée dans sa force et dans son
individualité propres, après avoir brisé
l'alliance qui la liait étroitement à la parole ; aujourd'hui même on ne saurait méconnaître les signes visibles de cette identité
d'origine. Il y a toujours de la musique dans
la parole et de la parole dans la musique,
parce que celle-ci ne peut se passer d'accent.
Non, la musique n'exprime pas l'idée pure.
Elle l'exprimait autrefois, alors que, lien de
toutes les connaissances divines et humaines, elle n'était que la parole portée à sa
plus haute puissance. Mais si la musique
n'exprime plus l'idée pure, souvent elle la
réveille indirectement par une certaine a-
nalogie, par une certaine correspondance
entre le sentiment et l'impression qu'elle
fait naître et cette même idée.

La musique n'exprime pas l'idée pure,
parce que c'est là la fonction essentielle du
langage. Le langage est l'instrument universel ; il exprime tout l'homme. Mais, remarquons-le, il est des choses qu'il n'exprime que par l'accent, par l'inflexion de la
voix, par le cri, et alors il n'emploie que
l'élément vocal, principe de la musique.
Les angoisses d'une mère, les douleurs
d'une épouse, ces sentiments sous le poids
desquels la nature succombe, le langage

seul les explique, les analyse laborieusement, les décrit plutôt qu'il ne les peint.
Ce qui les exprime, ce sont ces inflexions
spontanées, ces répétitions, ces accents indéfinissables par lesquels se révèle spontanément la nature intime, souffrante et pas-
sionnée de l'homme. C'est là ce qui fait que
la passion est aussi éloquente dans la bouche d'un homme du peuple que dans celle
d'un roi : c'est que le langage rentre dans
la musique, en quelque sorte. Plus aussi
l'expression du langage est exacte, plus elle
est fugitive ; elle se borne à quelques mots
pour un sentiment incommensurable. C'est
dans cet ordre que se déploie la puissance
illimitée de la musique ; illimitée, parce
qu'elle exhale indéfiniment ses accents, sans
être obligée de substituer l'idée au sentiment, la description à l'idée. Elle pénètre
dans les replis les plus cachés de l'âme, la
remue dans ses fibres les plus secrètes, et y
fait résonner mille échos mystérieux. Tout
ce qu'il y a dans l'homme de vague, de
flottant, d'indécis, d'indélibéré, d'instinctif :
joie, tristesse, passion, exaltation, extase,
éprouvé dans une mesure telle que
l'expression ne saurait qu'être affaiblie et
limitée par le sens précis, fixe et circonscrit
de la parole ; tout ce que l'homme sent et
qu'il confesse être impuissant à rendre
par des mots ; ce sentiment de l'infini qui
dilate et opprime l'âme tour à tour, et la refoule par sa grandeur dans l'idée du néant ;
ce perpétuel état d'oscillation inquiète d'un
cœur *qui ne sait où se poser*, comme parle
saint Augustin, ballotté qu'il est entre deux

existences, entre deux régions extrêmes
qu'il désire alternativement et sans cesse,
et qu'il ne peut atteindre; ces douloureuses
voluptés que réveille comme un souvenir
lointain d'un monde de pures essences
qu'on croit avoir habité autrefois, avant de
passer dans le monde des réalités sensibles;
tout cela, cette seconde moitié de l'homme,
cette seconde moitié de la vie, la musique,
cette seconde parole, l'exprime et l'exprime
seule. A la parole, la vie de la réalité,
la vie de la veille; à la musique, la vie du
sommeil et du rêve (1).

Nous prierons M. Cousin de terminer ce
chapitre :

« Tous les arts vrais sont expressifs, mais
ils le sont diversement. Prenez la musique;
c'est l'art sans contredit le plus pénétrant,
le plus profond, le plus intime. Il y a physi-
quement et moralement entre un son et
l'âme un rapport merveilleux. Il semble que
l'âme est un écho où le son prend une
puissance nouvelle..... Et il ne faut pas croire
que la grandeur des effets suppose ici des
moyens très-compliqués. Non, moins la musique fait de bruit, et plus elle touche.
Donnez quelques notes à Pergolèse, donnez-

(1) Ceci, ce n'est pas nous qui le disons, c'est
Rousseau : « La mélodie imite les accents des langues et les tours affectés dans chaque idiome à certains mouvements de l'âme : elle n'imite pas seule
ment, elle parle; et son langage inarticulé, mais
vif, ardent, passionné, a cent fois plus d'énergie
que la parole même. »

lui surtout quelques voix pures et suaves, et il vous ravit jusqu'au ciel, il vous emporte dans les espaces de l'infini, il vous plonge dans d'ineffables rêveries. Le pouvoir propre de la musique est d'ouvrir à l'imagination une carrière sans limites, de se prêter avec une souplesse étonnante à toutes les dispositions de chacun, d'irriter ou de bercer, aux sons de la plus simple mélodie, nos sentiments accoutumés, nos affections favorites. Sous ce rapport, la musique est un art sans rival ; elle n'est pourtant pas le premier des arts.

« La musique paye la rançon du pouvoir immense qui lui a été donné ; elle éveille plus que tout autre le sentiment de l'infini, parce qu'elle est vague, obscure, indéterminée dans ses effets. Elle est justement l'art opposé à la sculpture, qui porte moins vers l'infini parce que tout en elle est arrêté avec la dernière précision. Telle est la force et en même temps la faiblesse de la musique : elle exprime tout, et elle n'exprime rien en particulier. La sculpture, au contraire, ne fait guère rêver, car elle représente nettement telle chose et non pas telle autre. La musique ne peint pas (1), elle touche ; elle met en mouvement l'imagination, non

(1) On pourrait peut-être trouver une contradiction entre ces paroles et ce que Rousseau nous dira plus tard et ce que nous dirons nous-même. Mais M. Cousin s'est déjà expliqué dans les pages qui précèdent celle-ci, et où il établit philosophiquement que le *son* ne constitue pas *une image*.

celle qui reproduit des images, mais celle qui fait battre le cœur, car il est absurde de borner l'imagination à l'empire des images. Le cœur, une fois ému, ébranle tout le reste : c'est ainsi que la musique peut indirectement, et jusqu'à un certain point, susciter des images et des idées; mais sa puissance directe et naturelle n'est ni sur l'imagination représentative, ni sur l'intelligence : elle est sur le cœur; c'est un assez bel avantage.

« Le domaine de la musique est le sentiment, mais là même son pouvoir est plus profond qu'étendu, et si elle exprime certains sentiments avec une force incomparable, elle n'en exprime qu'un très-petit nombre. Par voie d'association, elle peut les réveiller tous; mais directement elle n'en produit guère que deux, les plus simples, les plus élémentaires, la tristesse et la joie, avec leurs mille nuances. Demandez à la musique d'exprimer l'héroïsme, la résolution vertueuse, et bien d'autres sentiments où interviennent assez peu la tristesse et la joie : elle en est aussi incapable que de peindre un lac ou une montagne. Elle s'y prend comme elle peut : elle emploie le large, le rapide, le fort, le doux, etc. ; mais c'est à l'imagination à faire le reste, et l'imagination ne fait que ce qui lui plaît. Sous la même mesure, celui-ci met une montagne, et celui-là l'Océan ; le guerrier y puise des inspirations héroïques, le solitaire des inspirations religieuses. Sans doute, les paroles déterminent l'expression musicale, mais le mérite alors est à la parole, non à la musique, et quelquefois la parole imprime à la musique une précision qui la tue et lui ôte ses effets propres, le vague, l'obscurité, la monotonie, mais aussi l'ampleur et la profondeur, j'allais presque dire l'infinitude. Je n'admets nullement cette fameuse définition du chant, — une déclamation notée. Une simple déclamation bien accentuée est assurément préférable à des accompagnements étourdissants ; mais il faut laisser à la musique son caractère, et ne lui enlever ni ses défauts ni ses avantages. Il ne faut pas surtout la détourner de son objet et lui demander ce qu'elle ne saurait donner. Elle n'est pas faite pour exprimer des sentiments compliqués et factices, ou terrestres et vulgaires. Son charme singulier est d'élever l'âme vers l'infini. Elle s'allie donc naturellement à la religion, surtout à cette religion de l'infini qui est en même temps la religion du cœur ; elle excelle à transporter aux pieds de l'éternelle miséricorde l'âme tremblante sur les ailes du repentir, de l'espérance et de l'amour..... » (1).

VI.

Résumé des chapitres précédents.

Au moment où nous nous disposons à considérer la musique dans ses rapports et l'ana-

____

(1) *Du beau et de l'art*, par M. Cousin.

logie de son expression avec les autres arts, il est nécessaire d'embrasser ce qui précède d'un seul coup d'œil et d'éclaircir certains points de détail.

Examinant le principe de la musique dans l'homme, nous avons tâché d'établir d'abord qu'elle se confond originairement avec la parole, puisque le son vocal, qui ne constitue pas seul la parole, mais qui en est l'élément initial et comme le fonds sonore, est aussi l'élément du langage musical. Observant ensuite la parole elle-même, nous avons reconnu [qu'elle ne pouvait exister qu'à la condition du concours d'un second élément, au moyen duquel le son vocal, ou l'élément positif du son, c'est-à-dire la voyelle, s'arrête, se détermine, se limite et crée le verbe. Ce second élément est la consonne ou l'articulation.

Ces principes une fois posés, nous avons vu en découler comme autant de conséquences :

1° Que le chant précède la parole, de même que le son vocal ou la voyelle précède l'articulation ou la consonne, et que, si le chant peut être séparé de la parole, la parole, dans un sens très-réel, ne peut être séparée du chant.

Voilà donc un chant naturel, antérieur à la parole, et qui lui est indispensable pour sa production. Mais est-ce là le chant musical proprement dit ? évidemment non. Ces deux sortes de chant se distinguent l'un de l'autre en ce que, dans le chant naturel ou l'émission du son nécessaire à la parole, la voix parcourt des intonations extrêmement rapprochées et par cela même indéterminées, inappréciables, tandis que, dans le chant musical, elle parcourt des intervalles parfaitement déterminés et saisissables à l'oreille. Pourquoi cela? la raison en est simple; c'est que, dans la parole, le son considéré en lui-même n'est pas tenu de former un sens musical, tandis que, dans le chant musical, le son est contraint de se créer en quelque sorte une limite à lui-même dans des espaces fixes, précis et distinctement perceptibles pour produire ce sens.

2° Que l'élément musical ou la voyelle, étant l'élément positif du son et ne pouvant être modifié, limité et circonscrit que par l'articulation ou la consonne, le langage-voyelle ou la musique, quoique bien plus vague que le langage-consonne ou la parole, est, à raison de ce vague même, bien plus étendu et varié dans son expression.

3° Enfin que les sons vocaux étant la base de la parole, et la partie invariable du langage de l'homme, ils doivent être identiques, dans tous les alphabets et toutes les langues; d'où il suit, d'une part, que les systèmes musicaux, quelque différents qu'ils soient entre eux, ne sauraient l'être au même point que les langues le sont entre elles; et que, d'autre part, les langues n'ont pu généralement influer sur ces systèmes divers que par l'élément de la consonne, et ces articulations caractéristiques par lesquelles les idiomes se diversifient les uns à l'égard des autres.

Ces principes établis, nous étudions le principe de la musique dans la création inférieure, car la nature est douée d'une vaste parole dont tous les êtres sont les organes. Placé au centre de cette harmonie profonde, indéfinissable, incessante, dont il ne peut saisir que quelques notes, à cause des bornes et de l'infirmité de ses sens, l'homme mêle sa voix à ces concerts de la nature; il y joint des instruments artificiels, et tel est le type de la musique à son usage, de la musique vocale et instrumentale.

Mais comment faire dériver de cette musique naturelle notre art régulier et les divers systèmes en usage chez les différents peuples? Par les lois de la nature elle-même. Dans cette vaste échelle des sons, nous avons pris au hasard un son considéré comme corde fondamentale; cette corde mise en vibration, nous a fourni des harmoniques, les uns certains et fixes, les autres incertains ou mobiles, et, au nombre des premiers, l'*octave*, qui partage la série des sons en divisions identiques. Or, la série des sons ou des intervalles compris dans l'étendue de l'octave, leur coordination entre eux, leur subordination à l'égard du son producteur, leurs diverses attributions, conçues sous différents modes ou manières d'être, c'est là ce qui constitue les diverses tonalités.

Nulle tonalité n'est donc nécessaire en soi.
Elles naissent du concours d'une foule de
circonstances, telles [que les éléments de
la langue, les qualités physiologiques distinctives des races humaines, les habitudes
de l'oreille, circonstances qui expliquent
non-seulement la diversité des systèmes,
mais encore les caractères différents des
écoles sous l'empire d'un même système.
Mais si, par l'influence de ces différentes
causes, ces tonalités se diversifient entre
elles de manière à former autant d'idiomes,
elles rentrent néanmoins les unes dans les
autres, par les intervalles fixes, produits du
phénomène simple de la résonnance, lesquels
se retrouvent dans toutes. D'où il suit que
le principe de la résonnance est antérieur à
toute tonalité.

Pour nous rendre compte de la loi des tonalités, nous avons examiné d'abord celles
qui sont selon les habitudes de notre oreille.
Analysant les éléments de la gamme du
plain-chant, de ses espèces d'octaves ou
modes, nous avons vu que cette gamme et
ces espèces d'octaves étaient composées d'intervalles distants les uns des autres, n'ayant
entre eux aucune relation nécessaire, aucune
affinité, aucune propension qui les rende
appellatifs les uns des autres; conséquemment que, dans ce système, chaque degré
peut être pris comme terme de la succession
des sons, et fait naître l'idée de repos, de
l'unité abstraite et absolue.

Dans la tonalité moderne, au contraire,

nous avons vu que l'échelle est constituée sur des intervalles de demi-tons, (nous disons l'échelle et non la gamme) ; que ces intervalles possèdent diverses attributions, diverses propriétés, en vertu desquelles ils tendent tour à tour à se résoudre les uns sur les autres, et à persister en eux-mêmes comme sur un point de repos; que ces intervalles sont autant d'éléments de la modulation, doués de la faculté de s'attribuer les fonctions des autres intervalles, et par suite, de changer les fonctions de ceux-ci, en déterminant proportionnellement, par le fait même de cette métamorphose, dans le système général, et sur chaque degré de l'échelle, la présence du mode majeur et du mode mineur les seuls propres à ce système. D'où il suit que chaque degré ne peut être considéré autrement qu'en tant qu'élément de la succession, puisque l'idée de repos se perd et s'absorbe à chaque instant dans l'idée de cette même succession.

Passant ensuite à certaines tonalités en usage dans l'antiquité et à quelques-unes usitées aujourd'hui chez certains peuples de l'Orient, nous voyons, par l'examen de leur constitution, qu'au lieu de procéder par intervalles distincts, appréciables, saisissables, comme dans les deux systèmes dont il vient d'être parlé, le son y observe des intervalles tellement rapprochés, voisins les uns des autres, que ces intervalles se confondent, pour ainsi dire, entre eux et se refusent à la perception de l'oreille la mieux exercée. D'où il résulte que le son, n'étant

pas suffisamment limité par rapport à lui-
même, est impuissant à former un sens,
musicalement parlant, et que ces singuliers
systèmes, si étranges relativement à nous,
et par le grand nombre des intervalles, sont
fondés uniquement sur l'élément de la parole, dont ils reproduisent les accents et les
nuances insaisissables. Et ceci nous a dé-
voilé le sens de ces antiques et universelles
traditions touchant l'origine divine de la
musique, ses merveilleux effets, et le culte
dont elle fut l'objet (1). Nous ne nous
sommes pas moins clairement expliqué, ce
nous semble, comment ces dernières tonalités étaient inharmoniques, puisque, constituées exclusivement au point de vue de la
parole, elles trouvaient en elle leur harmonie essentielle.

Une fois séparée de la parole, la musique
a dû se développer dans son énergie propre, et tendre à remplacer les éléments d'expression qu'elle empruntait à la poésie, son
ancienne alliée. Elle a trouvé ces nouveaux
éléments dans l'harmonie, la mesure, et enfin dans l'emploi toujours plus riche des res-

(1) C'est ce que Rousseau a parfaitement bien
compris. « Ainsi la *mélodie*, commençant *à n'être
plus si adhérente au discours*, prit insensiblement
une existence à part, et la musique devint plus
indépendante des paroles. Alors aussi cessèrent peu
à peu ces prodiges qu'elle avait produits *lorsqu'elle
n'était que l'accent et l'harmonie de la poésie*, et
qu'elle lui donnait sur les passions cet empire que
la parole n'exerça plus dans la suite que sur la raison. » — *Essai sur l'origine des langues*, chap. 19

sources instrumentales et vocales, de tous
les effets et de tous les contrastes de sonorité. Mais nous avons en même temps fait
voir que la musique, tout en se fécondant
incessamment et s'éloignant de plus en
plus de la parole, s'en rapprochait dans
un autre sens en s'emparant de tous les
moyens de manifestation, non au point de
vue de l'idée pure, mais au point de vue du
sentiment, propre au langage de l'homme.

La raison de la constitution des diverses
tonalités étant donnée, nous examinons de
quelle manière s'engendrent les divers éléments musicaux, la mélodie, le rhythme, la
mesure, l'harmonie.

Tous découlent de cette identité d'o-
rigine établie en premier lieu entre la
musique et la parole, et en vertu de
laquelle le mode de succession nécessaire
à la manifestation de la parole, est également nécessaire à la manifestation de
la musique. Dans la musique ce mode de
succession, avons-nous dit, envisagé quant
à la série des intonations que parcourt le
chant, est ce qui constitue la mélodie. Envisagé quant à ces contours, à ces périodes,
à ces ondulations au grave et à l'aigu que
semblent décrire les intonations, ce mode de
succession est ce qui constitue le rhythme,
puisque l'une est le sens musical que développe cette série d'intonations, et que l'autre est la proportion et la forme de la succession et du mouvement mélodiques.

Point de mouvement qui n'ait son rhythme, puisque tout mouvement a sa forme, sa figure, son temps fort et son temps faible, l'*arsis* et la *thesis*. Le rhythme est dans toute la nature, dans tout ce qui vit et se meut, dans le pas de l'homme, dans le vol de l'oiseau, dans le galop du cheval, dans le flux et le reflux de la mer, dans les soupirs des vents. Le rhythme a donc précédé la mesure, et en a donné l'idée. Celle-ci est même, à plusieurs égards, indépendante du mouvement, puisque des mouvements très-divers comportent une mesure identique, et qu'il peut se faire que des morceaux entiers admettent deux sortes de mesure indifféremment.

Le rhythme obéit au mouvement de l'âme, qui se manifeste par le principe mélodique. La mesure est une division inflexible et en quelque sorte fatale de la durée. D'où il résulte, d'un côté, que le rhythme est inhérent à toute musique, comme à la parole, comme aux arts de la parole, l'art oratoire, l'art de la déclamation : comme à la danse, comme aux arts qui expriment le mouvement figuré, et qu'il se retrouve jusque dans les proportions et les ondulations des lignes de l'architecture. D'où il résulte, d'un autre côté, que la mesure n'est pas un élément essentiel de la musique, identique au fait même de l'institution de l'art, de telle sorte que cet élément absent, l'art disparaîtrait. En effet, nous voyons qu'elle est absolument étrangère au plain-chant auquel le rhythme prête tant de vie, d'élan, un souffle si puissant.

La mesure est néanmoins un élément essentiel de notre musique moderne, par la nécessité où ce système s'est trouvé de chercher hors de la parole tous ses moyens d'expression. Là, la fonction de la mesure est de
servir de limite au rhythme; mais le rhythme
en se combinant avec la mesure, n'est pourtant pas absorbé par elle. Elle lui laisse la
liberté de ses allures, elle contribue même
à le mettre en relief par la faculté particulière au rhythme d'intercaler une mesure ac-
cidentelle dans la mesure fondamentale, en
contraste avec celle-ci, et de produire ainsi
des irrégularités et comme des dissonances
de temps.

Comme la rime et les lois de la versification dans le langage, la mesure partage le discours musical en nombres égaux et assujettit
la période à certaines lois symétriques. Mais
de même que la rime et les lois de la versification ne constituent pas la poésie, de
même le beau musical est indépendant de la
mesure. La mesure et la rime sont donc
choses de convention ; ce qui ne veut pas
dire qu'elles ne soient pas des éléments
d'expression du vrai, et c'est ce que nous
avons essayé de montrer par le rapprochement que nous avons fait des fonctions de
la prose dans les drames de Shakspeare et
de l'usage du récitatif, dans nos grands opéras.

Après la mesure, l'harmonie. Si nul système de tonalité n'est nécessaire en soi, il n'en
existe pas moins un principe, celui de la ré-

sounance, antérieur à toute tonalité. Effectivement, toute tonalité comporte, au nombre de ses intervalles fixes, les harmoniques
produits du phénomène simple de la résonnance. Ces harmoniques ont naturellement
donné l'idée de l'harmonie, et comme il a
été prouvé que tout système harmonique serait inadmissible, contradictoire même, dans
un système de musique fondé sur la parole
et au profit d'elle seule, par la raison que
l'action successive de la parole ne saurait
admettre le concours des sons simultanés
propres à l'harmonie, il s'ensuit que l'harmonie, dans toute tonalité qui la comporte,
est l'effort par lequel la musique tend à se
développer dans son essence et à produire
son expression la plus complète, car c'est
dans l'harmonie que la mélodie vient s'in-
corporer, comme dans son milieu ou plutôt
son lieu le plus naturel.

Et cette considération nous fait comprendre comment l'harmonie, née du principe
premier de la résonnance, est néanmoins
venue si tard. L'harmonie étant donc subordonnée à la mélodie, elle ne peut être autre chose que le développement des lois
de la gamme, développement *dans l'espace*
de chaque intervalle considéré *dans sa durée*, puisque la mélodie s'explique par ces
mêmes intervalles. D'où il suit que l'harmonie est nécessairement consonnante dans le
plain-hacnt, si celui-ci la comporte, puisque
chaque intervalle de ce système, en faisant
naître l'idée de repos, nécessite un accord
parfait, au delà duquel l'oreille n'a rien à

désirer ; tandis que dans le système moderne, elle doit être non moins nécessairement basée sur la dissonance, puisque chaque intervalle y est un élément de la modulation et de la transition.

De ce qui précède on conclut que l'harmonie n'a qu'un mouvement matériel, stérile, borné ; que le mouvement fécond,
intelligent appartient exclusivement à la
mélodie par laquelle seule l'idée se manifeste ; qu'isolée, la mélodie a un sens,
une signification, une expression ; qu'i-
solée, l'harmonie ne signifie rien, n'exprime rien, à moins que la mélodie n'ait
laissé, pour ainsi dire, à la surface du tissu harmonique, comme quelque chose de son em-
preinte. C'est en vertu de ce mouvement, de
cette énergie qui est en elle, que la mélodie se glisse souvent dans les régions de
l'harmonie, pour y faire jaillir le sens musi-
sical d'un accent, d'une inflexion, quelquefois d'une simple note, tandis que, de
son côté l'harmonie arrête et fixe la mélodie, en la limitant, comme fait la consonne à l'égard de la voyelle.

Après avoir ainsi passé en revue les éléments propres à la musique, les uns nécessaires, essentiels, les autres conventionnels,
en un certain sens ; après les avoir exami-
nés autant que possible dans l'ordre de leur
génération en suivant le mode de leur production, il nous restait encore à voir de
quelle manière ces éléments combinés entre eux, conformément aux lois de leur na-

ture, concourent à former ce que nous nommons le langage des sons. Ici, analysant le plan du premier morceau d'une symphonie, dont la forme résume en quelque sorte les autres formes musicales, nous avons essayé de montrer que les diverses parties de ce morceau, enchaînées les unes aux autres, obéissent aux lois d'une syntaxe aussi réelle que celle du langage et auxquelles les musiciens ne sauraient se soustraire. De tout cela on conclut que la musique a un sens, un sens non susceptible d'être traduit par des mots, mais un sens que l'homme entend, puisque le plan de ce morceau de musique, son unité, les formes et la construction de chaque phrase, loin d'être le résultat d'une convention, dérivent rigoureusement des lois de la logique universelle. Ainsi nous n'oublions pas que la musique ou la langue - voyelle, étant essentiellement inarticulée, ne peut réveiller l'idée pure, du moins directement. Mais, d'un autre côté, et par cela même, nous montrons que le langage musical, tout vague qu'il est, est bien plus illimité dans son expression que la parole, et tandis que celle-ci exprime l'homme intellectuel, raisonnable, la musique et la musique seule exprime complétement l'homme mobile, changeant, tourmenté de désirs indéfinissables, et aspirant après un bien-être qui le fuit sans cesse.

VII.

Rapports de la musique avec les autres arts. — Arts de l'écriture, arts de la parole. — Leur génération et classification. — Examen de l'objection que la musique est un art sujet au changement.

Confondue dans son essence même, avec la parole, la musique présente avec la parole de nombreuses analogies, et partout on la voit, dans les éléments intimes de sa constitution comme dans les phases de son évolution, plus ou moins étroitement liée au langage.

Par l'élément du mouvement et du rhythme, et par cet élément seul, la musique s'unit aussi à l'art du geste et à la danse, tableau du mouvement, qui, par ses cadences en harmonie avec les mouvements et les rhythmes des sphères célestes et des corps naturels, rentre en quelque sorte dans l'harmonie universelle.

Mais les autres arts, l'architecture, la sculpture, la peinture, n'ont ni le son, ni le mouvement pour éléments. Est-ce à dire que ces arts n'ont avec la musique aucun rapport ? Non sans doute ; car si ces arts ne sont autre chose que des manifestations différentes d'un même principe, il s'ensuit que tout en accomplissant leur évolution individuelle, indépendante, conforme à leurs lois propres, ils doivent refléter, jusque dans leur constitution, des éléments communs, et présenter dans leur développement certains phénomènes analogues. C'est ce qui faisait dire aux plus grands philosophes de l'antiquité qu'il existait entre tous les arts une union étroite et comme un lien d'amitié (*quadam amicitia*), et que cette merveilleuse alliance devait frapper tous les esprits capables de pénétrer les causes et les effets (1). Et déjà nous pouvons saisir une relation particulière entre le son, élément de la musique, et la lumière, élément des arts proprement dits : son et lumière, deux lois identiques en elles-mêmes, quoique diverses dans le mode de leur production. Par la même analogie, nous saisissons une relation non moins réelle entre l'ouïe, mode de perception de la musique, et la vue, mode de perception des autres arts (2). Ces derniers, disons-nous, ont le même principe que la musique, c'est-à-dire qu'ils sont des *signes*, comme la musique, comme la parole sont des *signes* au moyen desquels l'homme s'exprime. Les sons de la voix, a dit Aristote, sont les *signes* et l'expression des affections de l'âme, comme

(1) « Est etiam illa Platonis vera, et tibi, Catule, certe non inaudita vox, omnem doctrinam harum ingenuarum et humanarum artium uno quodam societatis vinculo contineri. Ubi enim perspecta vis est rationis ejus qua causæ rerum atque exitus cognoscuntur, mirus quidam omnium quasi consensus doctrinarum concentusque reperitur. » — Cic., *De orat.*, lib. III, n. 6.

(2) « La plupart de nos idées du beau nous viennent par la vue et par l'ouïe, car tous les arts, sans exception, s'adressent à l'âme par le corps. » — *Du beau et de l'art*, par M. V. Cousin.

les mots écrits le sont du langage (1). Or, nous allons voir que les arts de la forme immobile sont à l'écriture ce que la musique est à la parole. Mais il faut les examiner selon l'ordre de leur génération.

Tant que le genre humain peu nombreux ne forma qu'une seule société, la parole put lui suffire, et la musique, dont on ne peut séparer la parole dans l'antiquité, composa la tradition orale, et fut, ainsi qu'on l'a dit, une *chronique auriculaire.* « Il a doncques esté un temps que la marque et monnoye de la parole qui avoit cours, estoient les carmes, les chants et cantiques, parce que alors toute histoire, toute doctrine de philosophie, toute affection, et brief toute matière qui avoit besoin de plus grave et ornée voix, ils (les anciens) la mettoient toute en vers poétiques et en chants de musique (2). » Toutefois, il y avait tels événements, tels grands faits de la civilisation dont le souvenir devait être perpétué par des signes plus durables : telle fut l'origine de l'architecture qui affecta dès le commencement des formes colossales. Sans doute les monuments de cette architecture indiquèrent clairement l'objet de leur destination, et l'on dut y mêler, suivant les circonstances, d'informes essais de statuaire et

(1) « Voces quidem signa ac notæ sunt affectuum animi, scripta vocum. » — ARIST., *De interpret.*

(2) PLUTARQUE, *Des oracles de la Pythie*, n. 22, trad. d'Amyot.

de sculpture, c'est-à-dire d'art plastique (1).

Mais lorsque cette première société, devenue plus nombreuse, se divisa en diverses tribus ; lorsque par des migrations successives les nouvelles sociétés mirent entre elles des continents entiers, un nouveau moyen de communication devint nécessaire. De là, la peinture allégorique ou l'emblème ; l'emblème, comme on l'a dit, qui est la métaphore du peintre (2). L'écriture fut un tableau. De l'emblème naquit l'hiéroglyphe ; de l'hiéroglyphe l'écriture phonétique ou la langue écrite.

Ainsi, les arts de la forme immobile ont été tour à tour les éléments et les instruments de la langue écrite, de même que la musique a été l'élément et l'instrument de

---

(1) La Bible, en plusieurs endroits, vient confirmer cette assertion : *Ite ante arcam Domini Dei vestri ad Jordanis medium, et portate inde singuli singulos lapides in humeris vestris, juxta numerum filiorum Israel, ut sit signum inter vos : et quando interrogaverint vos filii vestri cras, dicentes: Quid sibi volunt isti lapides? respondebitis eis : Defecerunt aquæ Jordanis ante arcam fœderis Domini, cum transiret eum : idcirco positi sunt lapides isti in monumentum filiorum Israel usque in æternum. Fecerunt ergo filii Israel sicut præcepit eis Josue, portantes de medio Jordanis alveo duodecim lapides, ut Dominus ei imperarat, juxta numerum filiorum Israel, usque ad locum in quo castrametati sunt, ibique posuerunt eos. Alios quoque duodecim lapides posuit Josue in medio Jordanis alveo, ubi steterunt sacerdotes qui portabant arcam fœderis : et sunt ibi usque in præsentem diem.* — Jos., iv, 5, 6, 7, 8, 9.

(2) *Notions de Linguistique*, par Ch. Nodier, p. 88.

la langue parlée. Ainsi, tous ces arts ont accompli la mission de l'*utile* avant d'accomplir la mission du *beau*, et il est à croire qu'ils ont commencé cette dernière avant que la première fût achevée.

Partez de l'instant où le premier son s'échappa des lèvres de l'homme pour exprimer un sentiment ; arrivez jusqu'au moment où le premier signe de l'écriture figura le son de la parole et *colora la pensée* ; considérez ensuite cette parole éternisée et multipliée à l'infini par l'imprimerie, vous parcourez tout le cercle du développement humain.

Les arts de la parole et les arts de l'écriture ont donc été les instruments de la civilisation, et tous suivant des modes de manifestation et d'expression en rapport avec les diverses facultés humaines.

Parlons d'abord de l'architecture qui occupe un rang à part dans les arts de la forme immobile.

L'architecture se rapproche de la musique en ce qu'elle n'exprime pas des types déterminés. Mais ce n'est pas à cause de cela seul qu'on l'a appelée la musique du silence. L'architecture, ainsi que la sculpture et la peinture, n'a pas le mouvement pour principe. Néanmoins, elle le figure dans sa majestueuse tranquillité. Les architectes distinguent deux lignes fondamentales, la verticale et l'horizontale, qui, savamment combinées, concourent autant à la beauté de l'édifice qu'à sa solidité. L'une se dirige vers le centre de la terre, tandis que par l'autre la pesanteur s'équilibre. Le cube donne naturellement l'idée du repos; la sphère fait naître l'idée du mouvement. L'homme communique à l'architecture un mouvement tout à fait idéal, en spiritualisant, pour ainsi dire, la matière et en lui imprimant l'élan de sa pensée. C'est ainsi que, dans le temple chrétien, cette ligne verticale qui se dirige vers la terre, semble, contrairement aux lois de la pesanteur, monter vers le ciel; et que ces tours altières, ces flèches ailées, ces fines aiguilles, ces clochetons transparents, suspendus dans les airs, tendent bien plus haut que le point précis où ils s'arrêtent et lancent l'imagination dans des espaces incommensurables. Pénétrez dans la nef : l'âme n'est pas à l'aise si les regards rencontrent des bornes, car elle est en présence du Dieu infini. Il faut donc que, dans un espace de quelques toises, l'homme crée des lointains, ouvre de longues percées de lumière, des perspectives sans terme. C'est sur ce principe que repose le symbolisme du temple, c'est-à-dire son expression figurative, que l'Eglise chrétienne n'a pas négligé de soumettre à certaines règles fondamentales. Donc, avec l'image du mouvement, l'image du rhythme, forme du mouvement. De plus, le temple représentant l'univers, a, comme l'univers, ses divers aspects. Vu au dedans, les gradations et dégradations des rayons qui pénètrent à travers les vitraux, tout chargés des nuances et des teintes du prisme, et les gradations et dégradations des ombres emplissant ses profondeurs, transforment d'heure en heure son horizon symbolique. Vu au dehors, il a sa beauté du plein midi, sa beauté du crépuscule, sa beauté du clair de lune ; et lorsque le sommet de ses pans gigantesques se perd mystérieusement dans les vapeurs de l'atmosphère, le temple grandit à nos yeux de plus encore que ne lui dérobe le voile humide replié sur son front. On dirait que l'image de la variété et du changement, emblème de la vie humaine, soit plus permise à l'architecture, en raison de ce que ses monuments sont immobiles et éternels.

L'architecture est l'art des formes générales; la sculpture est l'art des formes individuelles. Aussi la sculpture fournit-elle ces mille formes d'animaux, de végétaux, ces infinies productions de la nature que le temple doit représenter dans son ensemble. C'est ce qu'on appelle, en termes d'art, la *sculpture appliquée* ou le *bas-relief*. Mais la sculpture *libre* ou *ronde-bosse*, sans s'interdire le domaine de la création inférieure, demande à la représentation de l'homme ses plus nobles produits. Donner la vie à des matières mortes, rendre les corps transparents en quelque façon, de manière à montrer ce qui est caché, c'est-à-dire le jeu des muscles et l'emboîtement des os ; animer la physionomie, laisser errer une parole sur ses lèvres, calculer la pose et les allures de telle sorte qu'elles semblent se dessiner naturellement, selon l'impulsion d'un sentiment ou d'une passion ; voilà le triomphe de cet art. La figure du mouvement fait donc partie

de l'expression de la sculpture (1) et, alors
même que la représentation se borne à l'idée
du repos parfait, il y a toujours, dans les
rapports, le jeu et les ondulations des lignes,
ce rhythme des corps immobiles dont parle
Aristide Quintilien, rhythme si bien compris par les anciens statuaires.

Si la sculpture représente les objets sous
leurs formes corporelles et sphériques, de telle
sorte que le spectateur peut tourner autour,
et qu'au besoin le toucher pourrait suppléer
à la vue, la peinture ne peut que nous
donner une idée de ces formes corporelles,
puisqu'elle n'en reproduit que l'apparence
sur des surfaces. De là cette opinion répandue parmi les artistes, que la peinture, de
tous les arts, est arrivée la dernière, parce
qu'on fut longtemps à regarder comme un
problème insoluble, de reproduire des corps
qui ont trois dimensions sur la surface qui
n'en a que deux (2). Il fallut du temps

_____

(1) « Les statues des anciens, dit Athénée (De:-
pnosophistes, lib. xiv) sont les restes de la danse antique.
On avait observé les gestes et on les avait déterminés,
parce qu'on cherchait à donner aux statues des
mouvements beaux et nobles.... Ensuite, on adaptait
aux chœurs ces beaux mouvements; des chœurs ils
passaient à la palestre qui, joignant la musique à un
exercice continuel du corps, contribuait à donner
la plus grande force d'âme à tous ceux qui s'y li-
vraient. »

(2) *Leçons sur la théorie des beaux-arts*, de
W. Schlegel, trad. par M. Couturier, de Vienne, p
77.

avant que l'on considérât les ombres comme
repoussoirs, et que l'on s'en servît pour donner de la sphéricité aux objets. C'est pourquoi
le principal mérite du sculpteur consiste
dans le dessin, tandis que chez le peintre
cette qualité doit se joindre à plusieurs autres non moins essentielles. Du reste, le but
de la peinture est le même que celui de la
sculpture; c'est toujours d'animer la nature,
et de montrer dans l'image de la vie, et jusque dans celle de la mort, la trace des idées
des sentiments et des passions.

Le mouvement figuré appartient donc à
la peinture comme à la sculpture ; car c'est
un privilége de certains arts de dépasser,
dans leur expression, les limites où s'arrêtent leurs moyens matériels; et, remarquons
pour ce qui est de la peinture, qu'elle ne
dépasse ces limites qu'autant qu'elle ne
s'astreint pas à une imitation servile et
qu'elle se borne à n'être qu'une illusion.
Si cette faculté du mouvement n'était pas
inhérente aux arts dont nous parlons, le
dessin proprement dit, la statuaire, la pein
ture, devraient s'interdire tous les objets
pris dans la nature vivante: les sujets de
bataille, par exemple, puisque rien ne
serait plus absurde que de représenter l'at-
titude du mouvement, souvent le plus animé, sous l'apparence de l'immobilité.
Mais il faut distinguer ici le mouvement
figuré, propre à l'architecture, du mouvement figuré, propre à la sculpture et
à la peinture. L'architecture é ant l'art des
formes générales, il est clair que ces formes

n'affectent aucune sorte de mouvement inhérent à leur nature; mais le but de l'architecture étant aussi de s'élever vers le ciel,
comme si elle voulait faire oublier la terre
par le renversement des lois de la pesanteur, il s'ensuit que le mouvement de cet
art n'est autre chose que l'expression du
mouvement de la pensée, d'un mouvement
idéal, nous l'avons dit, tandis que dans la
sculpture et la peinture, arts des formes
individuelles, le mouvement est l'expression de l'action particulière des êtres qu'elles représentent. Et ces deux sortes de mouvements ont leur forme, c'est-à-dire leur
rhythme, qui réside toujours dans les contours, les périodes, les ondulations des lignes par lesquelles ils sont figurés.

On a trop abusé des comparaisons pui-
sées dans l'ordre des couleurs et dans
l'ordre des sons, pour pouvoir établir sur
de semblables bases les véritables rapports
de la musique et de la peinture, et pour ne
pas faire remarquer avec quelque hésitation
une certaine analogie que présente le premier genre de peinture, savoir la peinture
monochrome, avec le genre de musique désigné sous le nom de *monotone* ou d'*unitonique*, parce qu'il est fondé sur l'unité d'un
seul son. Ce n'est pas que cette peinture
monochrome, dans laquelle les objets représentés étaient couverts d'une seule teinte
plate, et qui ne fut sans doute qu'un rudi-
ment fort grossier, puisse être comparée,
quant aux perfectionnements de l'art, au
système du plain-chant, magnifique expres-

sion du sentiment divin dégagé de tout ce
qui est terrestre et périssable. Mais c'est
que ce genre de peinture, borné à une
simple représentation des objets, et, du
reste, dénué des accessoires de la couleur,
du fond et de la perspective aérienne, de la
coloration de la lumière et des ombres, se
rapporte plus particulièrement au type du
plain-chant, qui ne consiste qu'en une mélodie nue et non accompagnée.

Il existe donc entre le langage, la musique et les arts du dessin, des rapports réels,
fondés sur un principe dont nous avons
déjà parlé. Ce principe est celui de l'identité de la loi du son et de la loi de la lumière. Par le son, nous percevons l'organisation intérieure des corps, comme par la
lumière appliquée aux objets, c'est-à-dire
par la couleur, nous percevons les qualités
de leur surface. Or, le son, constatant l'organisation intérieure des corps, donne lieu,
dans le langage, à l'*onomatopée*, nous voulons dire ces mots imitatifs, formés des
bruits élémentaires des êtres qu'ils dési-
gnent, et dont ces mots sont comme une partie intime. Dans la musique, il fournit un
élément analogue dans le son particulier ou
timbre de divers instruments dont ce timbre révèle la nature spécifique ; de même
que dans la peinture, la lumière constate
la qualité extérieure ou la surface des objets
par le moyen des couleurs. De là vient que,
soit pour désigner un poëte dont le style se
fait remarquer par la richesse des images,
la profusion des figures et l'expression pit-

toresque, soit pour désigner un compositeur qui excelle dans la musique instrumentale, on dit : C'est un grand coloriste.

Il y a une telle affinité entre les perceptions de l'ouïe et celles de la vue, que ces deux sens se suppléent souvent l'un l'autre. Tout le monde sait que l'aveugle-né Saunderson, interrogé sur l'idée qu'il se faisait de la couleur rouge, répondit qu'elle devait ressembler au son de la trompette. Le sourd-muet Massieu n'hésita pas à faire une réponse semblable à la même question, prise au sens inverse, que lui adressa un de nos plus habiles écrivains (1). La musique a le secret de nous faire *voir* non seulement les objets qu'elle peut représenter, mais encore ceux dont la représentation lui est interdite ; non qu'elle ait la faculté de peindre au moyen des timbres et des nuances de son des divers instruments, mais par les impressions et les sensations qu'elle fait naître, elle réveille le sentiment ou le souvenir des impressions et des sensations que produisent en nous les objets de la nature auxquels elle semble par là même s'associer. Et de même que la sculpture et la peinture n'ont le privilége de dépasser la limite de leurs moyens matériels qu'à la condition de ne pas copier servilement la nature et de ne pas la représenter telle qu'elle est, mais telle qu'elle s'offre à nos regards, de même la musique ne conserve toute la puis-

(679) Ch. Nodier. Voyez ses *Notions de linguistique*, p. 45.

sance et la plénitude de son expression illimitée qu'autant qu'elle évite soigneusement, sauf certains cas très-rares, de s'assujettir à une représentation trop littérale et trop matérielle. « En dépit de la science et du génie, dit admirablement M. Cousin, des sons ne peuvent peindre des formes. La musique bien conseillée se gardera de lutter contre l'impossible ; elle renoncera à figurer en détail le soulèvement et la chute des vagues et d'autres phénomènes semblables ; mais elle fera mieux : avec des sons elle fera passer dans notre âme les sentiments qui se succèdent en nous pendant les scènes diverses de la tempête. C'est ainsi que Haydn deviendra le rival, le vainqueur même du peintre, parce qu'il a été donné à la musique de remuer et d'ébranler l'âme plus profondément encore que la peinture. (1). » En limitant son expression à la configuration d'un objet arrêté, la musique ne borne pas seulement cette expression, elle la détruit encore : car le propre de cette expression est d'être idéale et vague. Elle sort alors de son élément qui est la voyelle. Elle veut devenir consonne. Cette faculté particulière à la musique de faire naître la *vision* des choses *insonores*, de représenter la lumière, les ombres, les ténèbres et jusqu'au silence même, est un des mystères de cet art (2).

(1) *Du beau et de l'art*, par M. V. Cousin.

(2) Il faut citer ici en son entier le passage de Rousseau :

«C'est un des plus grands avantages du musicien de pouvoir peindre les choses qu'on ne saurait entendre,

La peinture, ainsi que le dit Rousseau, rend difficilement à la musique les imitations que celles-ci tire d'elle. Elle ne sait pas, comme la musique, exciter par un sens des émotions semblables à celle qu'on peut exciter par un autre. Mais elle représente des objets déterminés, et dans cet

tandis qu'il est impossible au peintre de représenter celles qu'on ne saurait voir, et le plus grand prodige d'un art qui n'agit que par le mouvement est d'en pouvoir former jusqu'à l'image du repos. Le sommeil, le calme de la nuit, la solitude, et le silence même, entrent dans les tableaux de la musique. On sait que le bruit peut produire l'effet du silence, et le silence l'effet du bruit, comme quand on s'endort à une lecture égale et monotone, et qu'on s'éveille à l'instant qu'elle cesse. Mais la musique agit plus intimement sur nous, en excitant par un sens des affections semblables à celles qu'on peut exciter par un autre; et, comme le rapport ne peut être sensible que l'impression ne soit forte, la peinture, dénuée de cette force, ne peut rendre à la musique les imitations que celle-ci tire d'elle. Que toute la nature soit endormie, celui qui la contemple ne dort pas, et l'art du musicien consiste à substituer à l'image insensible de l'objet celle des mouvements que sa présence excite dans le cœur du contemplateur. Non-seulement il agitera la mer, animera les flammes d'un incendie, fera couler les ruisseaux, tomber la pluie et grossir les torrents, mais il peindra l'horreur d'un désert affreux, rembrunira les murs d'une prison souterraine, calmera la tempête, rendra l'air tranquille et serein, et répandra de l'orchestre une fraîcheur nouvelle sur les bocages. Il ne représentera pas directement ces choses, mais il excitera dans l'âme les mêmes sentiments qu'on éprouve en les voyant. » — *Essai sur l'origine des langues,* chap. 16.

ordre, ses effets sont merveilleux. Et avec
quels moyens ? A l'aide d'un frêle tissu, de
quelques substances colorées, d'un pinceau,
l'artiste va nous faire contemporains de
toutes les histoires, de toutes les époques,
de tous les personnages ; il va transporter
des climats, des cités au milieu de nos cités
et de nos climats. Sur cette toile large de
quelques pouces, il va faire entrer des
horizons indéfinis. L'homme vivant, il l'entoure d'une création vivante ; par la perspective aérienne, il détermine la proportion
des figures isolées et leur éloignement.
Pour que l'œil arrive à ces figures lointaines,
il va, par le clair-obscur, le forcer de tra-
verser un milieu atmosphérique ; il colore
les ombres mêmes et les rend transparentes.
Par la combinaison de la lumière, de l'air et
des ombres, il donne de la sphéricité aux
objets, et met à découvert ceux qui sem-
blaient devoir être cachés par la surface des
autres. L'œil s'égare dans ces contours et
dans ces lignes ; le regard plonge dans ces
vapeurs flottantes. Puis ramené au sujet
principal du tableau, le spectateur voit que
tous ces accessoires concourent à la manifestation de l'idée dominante, de telle sorte
que l'idée et ses accessoires se confondent
dans une merveilleuse unité.

Nous venons de voir qu'il y a deux sortes
d'expressions dans les arts : l'une indéterminée, c'est celle de la musique, de la
danse, de l'architecture ; l'autre, déterminée, c'est celle de la sculpture et de la peinture. Et de même que le langage ou la

langue parlée, dont l'expression est parfaitement déterminée, a pour premier auxiliaire et pour première manifestation la musique, dont l'expression est indéterminée, de même l'écriture phonétique ou la langue écrite a pour premier auxiliaire et pour plus durable manifestation l'architecture, dont l'expression est pareillement indéterminée. D'où il suit que les lois de la théorie des arts doivent subir certaines modifications, selon que l'expression de ceux-ci est déterminée ou ne l'est pas. Ainsi, pour ne parler que des arts des formes individuelles, les conditions de vérité dans la peinture et la sculpture exigent que l'artiste ne cherche pas hors de la nature visible l'objet de ses inspirations, à moins qu'il n'ait à représenter des sujets mystiques, emblématiques ou symboliques ; et alors il est tenu de se conformer aux règles de convention établies pour cet ordre de représentation. Cependant il peut se faire que l'artiste de génie trouve des types plus convenables que ceux en usage pour ce genre d'expression, ou bien qu'un nouveau développement de l'idée religieuse dans les esprits, en dévoile de plus parfaits et les substitue aux anciens. M. de Maistre a fort bien observé que toute religion *pousse* une mythologie qui lui est propre. Mais cette mythologie se transforme, à mesure que les types révélés par la religion s'épurent par les progrès mêmes de la religion dans la société, et s'offrent à l'imagination sous des formes plus parfaites et plus poétiques.

Nous avons tenu peu de compte, en ce qui

touche les arts] de la forme immobile, de
la distinction des genres secondaires. Une
aussi rapide esquisse ne nous permettait
guère de considérer les arts que dans leur
développement le plus complet et leur plus
haute expression. Si maintenant on nous
demandait dans quel ordre nous rangeons
les arts entre eux selon qu'ils s'élèvent de
l'expression la plus terrestre à l'expression la plus spirituelle, nous dirions, après
les avoir divisés en deux classes, d'a-
près notre distinction des arts immobiles
ou qui n'expriment que le mouvement figuré,
et des arts qui ont le mouvement pour
principe, que l'architecture précède la sculpture, comme le monde inorganique, auquel
l'architecture correspond, précède le monde
organique auquel la sculpture se rapporte,
et que celle-ci précède la peinture.

Néanmoins, nous sentons ici la nécessité
de faire deux observations relatives aux
deux premiers arts, quand bien même notre classification semblerait devoir en être
modifiée. Nous savons, pour ce qui est de
la sculpture, tout ce que le ciseau de l'artiste
peut prêter d'animation, de vie et de no-
blesse à une belle statue. Mais la sculpture
manque de la faculté de donner de la vie à
l'organe qui, avec la bouche, révèle le mieux
l'expression de l'âme. Chose singulière !
dans la représentation de la nature vivante,
la sculpture laisse l'œil impassible et froid,
tandis que dans l'image de la mort, elle fait
reposer, dans les cavités des yeux fermés,
comme une pensée solennelle que la mort

a respectée, qui jette un reflet d'immortalité sur la face du cadavre, et transforme ainsi le trépas en sommeil. Ce type appartient exclusivement au christianisme. Mais par cela même l'expression morale de la sculpture est renfermée dans certaines bornes. Aussi le propre de l'art plastique est de faire ressortir les formes corporelles et de représenter la beauté physique. C'est là son véritable domaine.

Quant à l'architecture, art des formes générales, elle n'a rien qui corresponde à l'expression positive des idées et à la représentation des formes individuelles ; mais, en raison de ses formes indéterminées, elle a quelque chose de plus immatériel que la sculpture et la peinture, en ce qu'elle ne fixe pas irrévocablement l'idée du spectateur sur une chose limitée, à l'exclusion de toute autre, et qu'elle ouvre un champ sans bornes à l'imagination. C'est la matière spiritualisée sous l'étreinte de la pensée, qui obéit à l'élan de l'esprit, qui procède suivant des lois morales, et qui, dans l'unité multiple du temple chrétien, rassemble, sous mille formes idéales, toutes les idées et tous les sentiments dont se composent les croyances des peuples.

Dans la classe des arts animés de mouvement, nous mettons la danse au degré inférieur, la danse qui se lie à la sculpture par les poses et les attitudes corporelles, à la musique par le rhythme, à l'art oratoire par la mimique. Mais nous ne plaçons pas au même rang la danse individuelle, capricieuse et sensuelle, celle que l'on peut comparer à ces airs dans lesquels nos cantatrices prodiguent les roulades, les trilles et les fioritures, et cette autre danse, la danse collective, la danse en chœur, qui faisait partie des cérémonies religieuses chez les anciens peuples. Celle-ci, noble et grave, représentait soit les chœurs des nymphes, des muses, de toutes les divinités dont le paganisme avait peuplé son Olympe; soit les évolutions et les vastes cadences des globes suspendus dans les cieux.

Au-dessus de la danse, à laquelle elle se lie par le rhythme, et immédiatement au-dessous des arts de la parole, de la parole dont elle est la première et la plus puissante manifestation, la musique. Et ici le lecteur nous prévient en observant que la musique est le seul art, avec les arts de la parole, qui ait l'ouïe pour organe de perception, l'ouïe qui est, suivant Charron, « un sens spirituel, l'entremetteur et l'agent de l'entendement, l'outil des sçavants. » Puis, les arts de la parole, savoir: l'éloquence écrite, ou l'art du style; l'éloquence parlée, ou l'art oratoire, et enfin la poésie, la poésie qui est la parole transfigurée, l'idée pure s'adressant à l'homme par toutes ses facultés, s'appropriant toutes les manifestations particulières aux autres arts, s'incarnant dans toutes les formes de la nature ; prisme décomposant tous les feux du jour, tous les rayons de la lumière ; cadence de tous les mouvements et de tous les rhythmes des corps; écho des mélodies et des harmonies de tou les êtres. La poésie contient donc tous les arts, et la musique, la danse, l'architecture, la peinture, la sculpture sont autant de formes de la poésie.

Dans l'opinion des gens du monde, la musique, nous ne l'ignorons pas, est loin d'occuper le rang que nous lui assignons ici dans la hiérarchie des arts. La grande raison que l'on allègue est que les monuments de la musique ne sont pas durables, ou du moins que cet art est sujet au changement; d'où quelques personnes concluent que c'est un art faux. On se laisse aller volontiers aux enchantements de la musique, mais avec la conviction qu'elle n'est autre chose qu'un plaisir qui se transforme au gré de la mode. Il faut pourtant observer que les formes des objets représentés par la sculpture et la peinture demeurent invariables, tandis que l'ordre d'idées et de sentiments qu'exprime la musique, sans changer fondamentalement, puisque la nature humaine ne change pas, se modifie néanmoins suivant les tendances des diverses époques, et que ces modifications donnent naissance, dans les productions musicales, à divers types, qui, toujours fondés sans doute sur ce qu'il y a d'immuable et de constant dans l'homme, se pénètrent néanmoins à un haut degré du caractère et de l'esprit des temps. Nous dirons encore, après avoir confessé que les plus grands maîtres n'ont pas usé avec assez de sobriété de certaines formules, nécessaires peut-être pour faire pénétrer l'intelligence de leurs œuvres dans les mas-

ses, mais appropriées au goût de l'époque
où ils ont vécu, et vieillies après eux; nous
dirons que le savant, comme le simple paysan, est libre d'aller à chaque heure du
jour et chaque jour de l'année contempler
un tableau de Raphaël ou du Dominiquin,
exposé dans un Louvre; tandis qu'un monarque n'est pas libre d'entendre une messe
de Palestrina exécutée par un grand nombre
de voix, et surtout avec l'intelligence et
l'expression que ce genre de musique réclame. La peinture s'adresse à nous directement, sans intermédiaire, sans interprète;
la musique a besoin d'un milieu, et ce
milieu, c'est l'exécution. Les productions
musicales d'une époque absorbant pour elles
seules tous les moyens d'exécution, les
compositions des époques antérieures res-
tent ensevelies dans les bibliothèques. Il y
a donc ici quelque chose qui tient, non à
l'essence de l'art, mais à son mode de production extérieure. La déclamation, ou l'art
de l'acteur, cet art qui suppose une si grande
faculté de personnification, une si haute
puissance créatrice même, puisque l'acteur,
en *créant un rôle*, refait en quelque sorte
l'œuvre du poëte et prête souvent du génie
à un auteur médiocre, cet art meurt tout
entier avec l'artiste. On ne s'est pourtant
jamais avisé de dire que l'art de Lekain et
de Talma fût un art faux. Les monuments
de la musique passent; eh! grand Dieu, les
langues passent aussi. Qui est-ce qui se
flatte de posséder aujourd'hui la langue à la
fois riche, complexe, souple et mâle de
Joinville, de Rabelais, de Marot, d'Henri

Estienne, d'Amyot et de Montaigne? Cette langue vit dans les livres, sans doute, et pour le petit nombre de ceux à qui cette lecture est familière, il y a plus que le charme du style, il s'y joint encore une sorte de satisfaction égoïste. Eh bien! les œuvres de nos vieux compositeurs vivent aussi au même titre, et, proportion gardée entre le nombre des archéologues littéraires et celui des archéologues en musique, elles font les délices d'une portion égale d'amateurs. Les chants populaires, les lais, les noëls, les pastorales, les différents airs des danses locales, ces cantilènes qui sont à notre musique efféminée et sans caractère ce que les patois, ces langues si musicales, si naïvement énergiques, si délicieusement nuancées, si pittoresques, sont à nos langues artificielles et bâtardes, toutes ces cantilènes se perpétuent encore. Hâtons-nous pourtant de recueillir ces chants du moissonneur et du pâtre, de ces modestes troubadours, dépositaires, pauvres ignorants! des trésors de la poésie de la nature, pour qu'ils servent un jour à raviver l'inspiration exténuée de nos compositeurs, et à renouer peut-être la chaîne de nos traditions nationales. L'invasion de notre musique factice n'est pas moins menaçante que l'invasion de notre langue aristocratique. Hâtons-nous donc; ne nous laissons pas surprendre par le temps, car vient le moment où les patois, ces langues originales illustrées par Goudouli, La Monnoye, Brueys, Labellaudière, Gros, Saboly, et de nos jours par Jasmin, Roumanille, Castil-Blaze, Mistral, J.-B. Gaut, Lafare d'Alais, Foucaud de Limoges, etc., se corrompant de plus en plus au contact des langues de seconde formation, filles dénaturées qui étouffent leurs mères, et les chants populaires, types primitifs d'une tonalité perdue, traqués de bourgade en bourgade, expulsés des campagnes, seront contraints de chercher un dernier asile dans quelques hameaux perchés sur de hautes montagnes, où Dieu veuille qu'ils échappent aux grandes eaux d'une civilisation dévastatrice.

Alors les langues seront confondues en une seule, et les peuples en un seul. Ce sera sans doute le règne de la fraternité humaine. D'avance nous applaudissons à cet immense bienfait; mais alors aussi il se rencontrera un homme en proie dans son cœur à une vaste amertume, à cause d'un souvenir confus de la patrie qui ne l'aura pas quitté. Après l'avoir vainement demandée à ce qui l'entoure, il ira la chercher dans des lieux inaccessibles, et ses yeux se mouilleront de larmes en voyant la vieille arche échouée sur un sommet stérile, parce qu'il ne s'est plus trouvé sur la terre un seul rameau vert.

VIII.

Du beau. — Trois ordres de rapports d'où découle le beau dans les arts.

Les arts ont pour principe le beau; ils ont une origine commune et une commune destination. Premiers besoins de communication entre les hommes, ils sont sociaux de leur nature, et ne cessent jamais d'être un des besoins de l'humanité, un instrument de civilisation, puisque l'expression du vrai et du beau est un besoin pour l'homme, *qui ne vit pas seulement de pain.*

Or, le beau est en Dieu ; et il est absolu en Dieu, parce que Dieu possède la plénitude de l'être ou le vrai absolu. Et Dieu, en se manifestant extérieurement par l'acte libre de la création, nous révèle sa propre beauté par la beauté de son œuvre, reflet fini de l'essence infinie, car cette beauté répandue dans l'univers est la splendeur, le vêtement et l'harmonie des lois mystérieuses et divines qui le gouvernent. Considérée dans la nature et dans l'homme, *image et ressemblance de Dieu,* cette beauté incessamment nous reporte à la source féconde d'où elle dérive.

Ainsi, chez l'homme, l'amour du beau est identiquement l'amour de la Divinité, et cet insatiable sentiment qui fait palpiter son cœur, qui l'embrase, le dilate et le remplit de délices, est néanmoins un état douloureux, parce que l'objet de ce désir étant infini, l'âme aspire ardemment au moment où, dégagée des entraves matérielles qui bornent son action, elle pourra librement se plonger dans cet océan infini de beauté, et contempler le divin exemplaire de son incompréhensible essence. Ainsi ce modèle du beau que l'artiste voit intérieurement, et dont, en le réalisant au dehors, il réveille la perception dans les autres hommes ; ce modèle du beau, l'artiste le voit en Dieu. Si donc l'artiste qui fait revivre dans les

créations de son art quelques traits affaiblis
de la création divine, ose vous dire qu'il
ne croit pas en Dieu, répondez-lui hardiment que chez lui la raison contredit le sentiment, que son œuvre dément sa bouche,
et que cette œuvre est un acte de foi en la
Divinité.

Le beau a diverses manifestations, et les
arts, expression du beau, ont aussi divers
modes de manifestation, c'est-à-dire que
les uns s'adressent à l'âme par l'intermédiaire de la parole, que les autres s'adressent à l'âme par l'intermédiaire de l'ouïe,
sans le secours de la parole, que les autres
enfin s'adressent à l'âme par l'intermédiaire
de la vue, sans le secours des autres organes. Les arts ont donc entre eux des rapports étroits, parce qu'ils expriment tous
le beau, leur principe commun, identique
dans toutes ses manifestations, et parce
qu'il existe aussi des relations non moins
réelles entre nos divers modes de perception. Les arts s'échelonnent donc entre
eux, suivant la gradation des facultés
humaines auxquelles ils correspondent, et
leur cercle d'expression et leur mode de
manifestation sont délimités et déterminés
par la nature des éléments intimes qui les
constituent. Cela posé, il est évident que
les arts ne sont autre chose que des organes,
des instruments extérieurs et, dans leur
principe, antérieurs à l'homme, au moyen
desquels l'homme exprime celles de ses
perceptions, transmises par ses propres organes, qui réveillent en lui la notion du

beau. Il est non moins évident que la
théorie des arts ne saurait être arbitraire,
puisque, dans la sphère de chacun, elle dérive de leur mode de manifestation combiné
avec le mode de perception auquel il se rapporte, et du développement naturel des lois
de leur action propre. D'où il suit que
l'homme, qui ne peut rien créer, ne peut
rien changer à la constitution fondamentale
des arts, parce qu'il ne pourrait changer
leur mode particulier de manifestation qu'en
leur faisant ou violer les lois ou excéder
les bornes de leur nature.

Les arts étant des organes, des instruments au moyen desquels l'homme s'exprime lui-même dans ses rapports avec les
autres êtres, il faut voir quels sont ces
rapports.

Parmi les êtres soumis à notre observation, l'homme seul est formé d'une nature
intelligente et d'une nature physique. Le
règne de l'intelligence commence en lui,
en lui finit le règne de la matière. L'homme
est donc le centre de la création, il en est le
nœud, le lien et le pivot. C'est pour cela
qu'on dit qu'il en est le roi. Il n'est rien
dans la sphère des existences à quoi il ne
puisse s'assimiler. Il lève les yeux en haut;
sa pensée franchit les distances, et il lui
est donné de plonger dans les régions sans
bornes et d'entrevoir quelque chose des
lois de l'intelligence éternelle. Il abaisse
ses regards, contemple les merveilles ré-
pandues à la surface de l'univers, ou sonde
les entrailles de la terre, interroge ses

abîmes pour y contempler d'autres merveilles encore, puis, ramenant sa vue à son
propre niveau, il s'associe aux êtres semblables à lui par une double action conforme à sa double nature, se communique
à eux, se confond avec eux, de telle sorte
que chaque élément de sa vie individuelle
devient, qu'il le veuille ou non, un élément
de la vie commune.

De là trois ordres de rapports :

Rapports de l'homme à Dieu, principe absolu de toute existence ;

Rapports de l'homme à l'homme, fondés
sur sa double nature ;

Rapports de l'homme à toute la création
matérielle, fondés sur sa nature physique.

Mais comme l'homme ne peut, sans se
détruire, se départir de la plus noble faculté
de son être, qui est l'intelligence, il s'ensuit
que, même dans ses rapports avec la création matérielle, il tend sans cesse à la spiri-
tualiser et à l'élever à lui.

Le langage qui est, ainsi que nous l'avons
dit, l'instrument universel, exprime ces
trois ordres de rapports, soit qu'ils aient
pour objet le vrai, le beau et l'utile. Le vrai
et le beau étant un besoin de l'âme, une
jouissance intellectuelle, se confondent dans
leur essence. L'utile correspond aux besoins
physiques; mais les arts expriment ces trois
ordres de rapports, en tant que ceux-ci ont
le beau pour objet.

Ces trois ordres de rapports se subdivisant, se modifiant presque à l'infini, en vertu de l'éducation de l'homme, de ses diverses facultés et de ses manières diverses de sentir, comme aussi de la nature infiniment variée des objets sur lesquels il s'exerce, forment les modifications de l'être humain; et ici encore, ces rapports ainsi modifiés, en tant qu'ils ont le beau pour objet, donnent lieu dans les arts et dans les trois ordres de beau fondamentaux, à des modifications et des nuances variées de ces trois ordres de beau.

Mais pour que le but des arts soit atteint, pour que leur expression réalise le beau, il faut que cette expression soit vraie, sans quoi il est évident que cette expression n'existe pas; car une expression fausse ne serait que l'expression de rapports qui n'existeraient pas non plus. Or, qui dit rapport, dit communication nécessaire et naturelle entre les êtres.

Les trois ordres principaux de rapports existant entre l'homme et les autres êtres, déterminent les trois ordres principaux d'inspirations, et ce qu'on nomme les divers genres dans les arts.

IX.

Trois genres principaux de musique. — Musique religieuse. — Musique dramatique. — Musique instrumentale. — Leur distinction. — Conclusion.

Pour ce qui est de la musique, ces trois ordres de rapports donnent lieu à trois types, entre lesquels on peut établir des distinctions fondamentales.

L'expression des rapports de l'homme à Dieu constitue proprement la musique religieuse, et cet ordre de rapports se modifiant, ainsi qu'il a été dit, suivant les divers états de l'homme, et suivant les divers aspects sous lesquels l'idée de Dieu s'offre à son imagination, ce genre de musique exprime le sentiment religieux sous une foule de nuances, la crainte, l'amour, la confiance, la terreur, et présente ces différents caractères d'humilité, d'anéantissement profond, de divine mansuétude, d'exaltation ou de triomphe, dont les simples plain-chants de l'Eglise sont les plus désespérants modèles. De là divers genres de beautés et de styles appartenant au même ordre fondamental d'expression.

L'expression des rapports de l'homme aux autres hommes constitue proprement la musique dramatique, et ces rapports se diversifiant en raison des différentes individualités, de la mobilité propre à l'homme, de l'intensité et de la profondeur des sentiments et des passions qui l'agitent, donnent lieu à une multitude d'expressions, joie, volupté, amour, haine, colère, désespoir, qui déterminent aussi diverses nuances de beautés et de styles dans la même sphère d'inspirations.

Enfin, l'expression des rapports de l'homme à la nature physique est le principe de la musique instrumentale. Sans rappeler ici ce que nous avons dit des timbres des divers instruments correspondant aux bruits de l'univers, aux mille voix de la nature, nous remarquerons que ce genre de musique a été désigné dans tous les temps par le nom qui caractérise la création inférieure, c'est-à-dire la *musique organique* (organum), nom que l'orgue seul, cet orchestre chrétien, à la fois un et multiple, a retenu, parce qu'il embrasse en quelque sorte tous les instruments dans l'unité de sa structure.

Bien que la musique instrumentale convienne mieux au genre lyrique qu'au genre dramatique, elle comporte néanmoins un mélange de tous les ordres d'inspirations, de l'inspiration religieuse même, l'orgue en est la preuve, puisqu'elle est la seule musique qui possède, pour ainsi parler, la plénitude de son développement individuel. Aussi voyons-nous que tantôt elle nous transporte, nous exalte; tantôt nous refoule en nous-mêmes et remue notre être dans ses profondeurs; tantôt nous promène dans des régions aériennes, tout émaillées de fleurs, toutes pleines de parfums et de brises rafraîchissantes, toutes peuplées de formes idéales et de ravissantes apparitions. Ici, pompeuse, imposante, elle entraîne l'homme tout entier, le dilate au dehors, s'empare en quelque sorte de son organisme, et, agissant physiologiquement sur les masses, provoque l'expansion extérieure des applaudissements. Là, douce, rêveuse, insinuante, elle est écoutée avec recueillement et en silence, parce qu'elle s'adresse à un sens intérieur, et qu'elle ne peut réveiller ce sens qu'après avoir comme endormi les sens extérieurs et les avoir privés de la faculté du mouvement.

Ce sont ces divers ordres de beauté qu'il faut savoir apprécier dans nos jugements sur la musique. Nul doute qu'il n'y ait une gradation entre ces genres de beauté, selon le degré où ils s'élèvent de l'expression matérielle à l'expression intellectuelle. Aussi n'est-ce pas immédiatement et comme sous le coup de l'excitation nerveuse que l'on doit formuler son opinion; il faut attendre que nos facultés, un instant subjuguées, reprennent le dessus et réagissent sur l'objet qui les a absorbées, de peur de confondre le plaisir avec le beau, la sensation avec l'émotion. C'est surtout la nature du souvenir et de l'impression que la musique laisse dans l'âme qu'il faut consulter. Bien entendu que ce que nous disons ici doit s'appliquer à cette classe, malheureusement trop peu nombreuse, chez laquelle le véritable sentiment du beau est suffisamment développé. Quant à cette masse d'auditeurs sur lesquels la musique agit d'autant plus vivement qu'elle est plus vulgaire, plus superficielle, et plus pauvre d'expression et de caractère, ses arrêts, il est vrai, sont momentanément revêtus d'une autorité assez imposante, celle du grand nombre; mais il est rare qu'ils ne tombent pas d'euxmêmes en désuétude, et longtemps avant la révision sévère de la postérité.

Divers comme les ordres d'inspirations, les trois genres de musique dont nous avons fait l'énumération sont encore divers quant aux moyens qu'ils emploient. Aussi, en tenant toujours compte des circonstances exceptionnelles, la voix, l'instrument le plus immatériel, puisqu'il est directement animé du souffle de l'âme, est l'organe ordinaire de la musique religieuse ; la voix et les instruments sont les organes de la musique dramatique, et les instruments sans les voix composent la musique instrumentale. Nous verrons pourtant tout à l'heure qu'il existe une sorte de gradation entre les instruments, fondée sur la nature de leur expression particulière et les conditions différentes de leur sonorité.

Les divers ordres d'inspirations dans l'art dérivant des divers ordres de rapports, doivent, par là même, déterminer, dans la constitution de chaque genre, des caractères particuliers, des types radicaux.

En effet, cette expression calme, grave, impassible au point de vue humain ; cette image de continuité, de permanence, d'immutabilité, d'infini, propre à cette sorte de chant qui a directement Dieu pour objet, tient au principe constitutif du système ecclésiastique, système privé de la faculté de moduler, de l'élément de la *transition*, et dont l'harmonie, dans les cas où ce système la comporte, toujours consonnante, fait naître, sur chaque accord, le sentiment irrésistible du repos. On peut dire de cette musique qu'elle ondule et ne module pas. Ramené à son type le plus parfait, ce système ne saurait admettre le concours de la musique instrumentale, ou plutôt de l'instrumentation, qui, comme nous ne tarderons pas à le voir, exprime les modifications de l'espace, et la mesure, expression de l'élément humain, en ce qu'elle donne l'idée des modifications de la durée. Dans ce système, les notes ont une valeur inégale sans doute; mais cette valeur est toujours abstraite, et cette inégalité ne vient pas de la relation d'une valeur avec une autre, combinée d'après une division rationnelle et métrique du *temps*. Elle a sa raison dans les lois de la prosodie. C'est pourquoi, bien que soumis, en certains lieux, à des réformes individuelles et maladroites qui en ont altéré le caractère, le plain-chant reste fondamentalement, dans son principe et son expression dominante, un art social, produit d'une œuvre collective, inspiré, dans son ensemble, par le seul génie d'une époque, la foi. C'est pourquoi enfin la plupart des monuments authentiques du plain-chant sont anonymes, comme les monuments de l'architecture chrétienne, comme l'orgue, créations immortelles qui n'immortalisèrent personne.

La musique dramatique, au contraire, vit de variété, de diversité, de mouvement, de changement, de trouble, d'agitation. Elle se précipite, éperdue, dans le grand drame de l'humanité : scènes bouffonnes, scènes lugubres, rires et larmes, elle s'empreint de tout. Et ces caractères tiennent non moins essentiellement à sa constitution. La mesure, avec ses subdivisions et ses modifications de lenteur et de vitesse; la dissonance, la transition, la modulation, et ces mille nuances d'inflexions et d'accents qui concourent à so 1 expression propre, sont les éléments essentiels de ce système. Et il est bien remarquable que ce genre de musique a pris naissance à la fin du xvi° siècle, époque d'émancipation, époque où l'activité humaine se déploya en tous sens avec une incroyable énergie. Aussi, cette musique est-elle douée au plus haut degré de la faculté de l'évolution et du progrès. Elle s'est fractionnée en une foule de genres secondaires ; elle s'est fait jour dans l'oratorio ; elle a envahi jusqu'au sanctuaire ; et ses productions, tout en reflétant toujours les sentiments, les idées et les tendances générales de leur époque, portent un cachet d'individualité qu'il est impossible de méconnaître. Ce n'est plus l'art social, collectif, dont le lent développement n'altère en rien l'auguste caractère ; c'est l'art individuel, multipliant sans cesse ses ressources, se modifiant à l'infini, se transformant toujours.

Il y a donc une différence fondamentale, radicale entre ce genre de musique et le précédent. Chacun a sa constitution, sa tonalité et son mécanisme propres. La distinction de ces deux types de musique est une conquête de notre époque. Cette distinction sera féconde pour l'avenir de l'art. Elle donnera lieu peut-être à la formation d'un nouveau style religieux en dehors du plain-chant. Mais il a fallu, pour en arriver

là, l'inique scandale de la musique dramatique la plus cynique, la plus impie, se ruant
dans nos temples aux grands applaudissements d'une multitude désœuvrée.

Néanmoins, entre la tonalité ecclésiastique et la tonalité actuelle, il peut y avoir
lieu à certains emprunts, et c'est là ce qui
constitue ce qu'on appelle les styles mixtes.
Disons d'abord que, hors de la tonalité
ecclésiastique, il ne saurait exister de
véritable musique religieuse, le caractère
de cette tonalité et celui de la tonalité moderne s'excluant réciproquement : *Hæc enim
sibi invicem adversantur* (1). Le style sacré ne pourrait, sans défaillir ni se corrompre, admettre des éléments inférieurs à son
type essentiel. Mais il n'en est pas de même
quant à la musique dramatique. Un ordre
inférieur se rehausse en empruntant accidentellement quelque chose du type supérieur. Et comme dans telle situation dramatique, la foi religieuse peut se trouver en
lutte avec les passions humaines, ce genre
de musique ne saurait être incompatible,
en certains cas et dans certaines bornes,
avec la tonalité ecclésiastique. D'heureux
essais sur la scène française l'ont prouvé de
nos jours. Il est superflu, du reste, de remarquer une fois de plus que la tonalité moderne tend à un développement illimité, en
absorbant les propriétés des autres tonalités, comme certaines langues gravitent vers
l'universalité en s'assimilant les éléments
des langues rivales.

(682) *Gal.*, **v**, 1.

A l'égaru de la musique instrumentale, ce qui a été dit plus haut montre que sa tonalité ne saurait être différente de celle de la musique dramatique. Ce n'est donc pas pour une raison semblable qu'elle constitue un style à part.

On peut faire à l'égard des instruments une distinction importante. Il est de fait que les instruments à cordes, tels que le violon, agissant puissamment par la nature de leurs vibrations sur l'appareil nerveux de l'homme, irritant les fibres de l'organisation, produisent au plus haut degré la sensation du plaisir physique. Les instruments à vent, tels que la clarinette, le hautbois, le cor anglais, etc., directement animés par le souffle humain, sont également très-propres à l'expression voluptueuse de la musique. Dans l'orgue, les tuyaux sont mis en jeu par le vent, mais il n'y a ici aucune insufflation. L'air, condensé dans un vaste réservoir appelé *sommier*, se distribue dans les tuyaux à mesure qu'on lui ouvre une issue, et leur résonnance, toujours égale et continue, n'est pas susceptible de la moindre inflexion, de la moindre nuance, puisque l'air est inerte et passif. Ainsi, par une singularité remarquable, les instruments sont plus convenablement admis dans le temple en proportion de ce qu'ils sont moins animés du mouvement intelligent de l'homme. Nous n'allons pas cependant jusqu'à prétendre exclure absolument les instruments de l'église. Mais, comme l'ont pensé d'habiles compositeurs, il serait à

souhaiter qu'on n'y employât que les gros
instruments à cordes et à vent, tels que les
violes, les violoncelles, les contre-basses,
les cors, les trompettes, les trombones, lesquels se prêtent moins par la gravité de
leur diapason et les conditions de leur mécanisme, à cette variété et à cette délicatesse d'accents incompatibles avec le caractère de la musique sacrée.

Revenons à la musique instrumentale,
c'est-à-dire à celle qui a l'orchestre pour
organe. Ce qui rend cette musique très-pro-
pre à peindre les scènes de la nature, c'est
la faculté qu'elle a de faire naître l'idée de
l'espace au moyen des timbres ou des sons
particuliers des divers corps qu'elle emploie. La masse totale des instruments
qui composent une symphonie se divisant en
groupes ou familles de timbres différents, il
semble qu'en raison de leurs oppositions de
sonorités, ces groupes s'isolent les uns des
autres à des distances incommensurables,
placent entre eux des horizons entiers, des
lointains indéfinis, et par un savant mélange
des sons les plus graves et les plus aigus,
les plus éclatants et les plus sombres, par
un art infini de couleurs et de nuances,
unissent, dans le même tableau, les règnes
les plus éloignés de la nature, dont les
échos se répondent dans toutes les régions
de l'orchestre. L'orgue, autant par la variété
de ses registres que par l'écartement prodi-
gieux des extrêmes de son harmonie, est
pourvu de la même expression. Il est inutile d'observer que cette idée de l'espace se

trouve en quelque manière matérialisée dans l'architecture chrétienne, à laquelle l'orgue est incorporé, et qui, dans son expression idéale, comprend le symbolisme de l'univers. Nous n'avons pas négligé non plus de montrer jusqu'à quelle puissance d'illusion la réalisation de cette idée de l'espace était portée dans la peinture, au moyen des combinaisons de la lumière et de l'air atmosphérique et des admirables artifices du clair-obscur.

Exclusivement propre aux genres lyrique et descriptif, la musique instrumentale comporte néanmoins, nous l'avons vu, un mélange de tous les ordres d'inspirations, et cela pour deux raisons : en premier lieu, parce que, quel que soit l'ordre de rapports que l'homme exprime, il lui est interdit, ainsi qu'on l'a montré ci-dessus, de se départir de la plus noble faculté de son être, c'est-à-dire l'exercice de son intelligence, qui constitue sa nature propre ; en second lieu, parce que le symphoniste est libre de se livrer à l'essor illimité de son génie, son idée n'étant plus subordonnée à une idée étrangère. C'est là précisément ce qui fait que la musique instrumentale forme un art à part. Ainsi, de la peinture des objets sensibles, le musicien peut passer aux sentiments dramatiques et passionnés et s'élever même jusqu'à l'idée de l'être infini. Cette triple expression, cette complexité d'inspirations fondue dans une merveilleuse unité, est ce qui prête tant d'éclat et de majesté aux grandes compositions instrumentales des symphonistes modernes. C'est aussi pour cela que le genre instrumental est le véritable domaine de la musique; c'est dans cette sphère qu'elle règne dans sa souveraine puissance. Ce n'est pas qu'il n'y ait de grands effets d'expression dans la musique dramatique, mais toutefois en dehors de toute poésie. Inséparables autrefois, la poésie et la musique sont aujourd'hui complétement détachées l'une de l'autre, et ce n'est qu'en faisant réciproquement violence à leur nature qu'on peut maintenir entre elles un simulacre d'union. On a bien souvent remarqué que les chœurs de Racine ne pouvaient comporter une musique quelconque, et cela parce qu'ils sont trop beaux, dit-on. Rien n'est plus vrai. En sens inverse, une belle musique ne peut guère comporter qu'une prose rimée. Il y a dans la belle poésie une musique naturelle qui tue radicalement la musique artificielle, c'est-à-dire faite après coup; et il y a, dans la belle musique une poésie naturelle, spontanée, qui absorbe et qui étouffe la poésie à laquelle on la superpose, également après coup. Vienne donc le musicien-poëte, le poëte armé de la lyre, le barde inspiré, qui, par une double création, fasse jaillir simultanément la poésie et la musique de son moule de feu! Vienne le divin artiste qui dise, dans le sens antique : *Je chante !*

La poésie s'est donc retirée de la musique dramatique. Malgré cela, celle-ci s'est développée, mais dans le sens instrumental, et, ce qui est digne de réflexion, tandis que la

symphonie se développait dans le sens dramatique.

Il y a, évidemment, dans l'incompatibilité mutuelle de deux arts qui se confondent
dans leur essence et qui s'embrassent originairement l'un l'autre ; il y a là quelque
chose de mystérieux, et comme un état
contre nature. Mais il y a là aussi des symp-
tômes visibles d'une nouvelle alliance entre
la poésie et la musique : car si l'une et l'autre se sont séparées, c'est à cause du développement individuel de celle-ci, et la musique ne pouvant se développer en elle-
même qu'en appelant à elle tous les moyens
d'expressions propres à la parole, il est clair
que plus elle recule ses propres limites,
plus elle se rapproche de la parole. Peut-
être l'œuvre de cette réconciliation est-elle
déjà commencée ; néanmoins elle ne peut
avoir son entier accomplissement qu'après
l'épuisement de tous les moyens conventionnels et factices à l'aide desquels le système actuel prolonge son éphémère existence (1).

« Et alors la musique reprendra dans l'opinion le rang qu'elle occupe réellement dans
les choses de l'intelligence ; car, il ne faut
pas s'y tromper, c'est à cause de son divorce
avec la parole que la musique est réputée
un art arbitraire et bizarre comme le ca-
price, inconsistant comme la vogue, fugitif
comme le plaisir. Chose étonnante ! on

(1) Voir les mêmes idées développées dans l'ouvrage de Chabanon, déjà cité.

honore les grands nusiciens, on leur élève
des statues, on en fait des dieux, et, par
une inexplicable contradiction, la musique
est reléguée loin, bien loin, dans je ne sais
quel recoin obscur, solitaire, en dehors de
cette sphère qu'éclaire l'intelligence, et où
elle se meut en tous sens. Tandis qu'aujourd'hui, dans toutes les parties des connaissances humaines, l'on cherche ardemment la raison de toutes choses, il est triste,
il est douloureux de penser que celui qui
s'efforce de chercher la raison de l'art le
plus universel, le plus populaire, dans sa
communauté d'origine avec la parole, le
plus beau don que le Créateur ait fait à
l'homme, puisque la parole lui révèle sa
propre intelligence et Dieu lui-même ; il est
douloureux de penser que celui-là ne doit pas
s'attendre à exciter de vives sympathies chez
ceux qui se sont voués au culte du même art.

Et nous aurons beau dire, nous aurons
beau invoquer la raison, le bon sens, le
progrès des sciences et le rapprochement
qui s'opère de jour en jour entre les divers
centres de l'activité intellectuelle, une routine aveugle et fatale, un pédantisme inepte
et jaloux n'en continueront pas moins de
construire laborieusement leur ridicule et
lourd échafaudage aux confins de l'art musical, à ce point précis où il donne la main
aux autres arts. Eh ! laissez donc l'esprit
d'analyse pénétrer jusqu'à cet art pour le
tirer de son engourdissement ; laissez-le
vérifier sa théorie par la théorie générale
des langues et des autres arts, afin de la

rendre intelligible par les lois de l'ensemble, lois simples parce qu'elles sont universelles; laissez enfin cet art, sympathique entre tous, recevoir la chaleur vivifiante, les bienfaisants rayons de la lumière commune, à la faveur de laquelle les divers ordres d'idées, les manifestations diverses de la pensée se communiquent mutuellement leurs clartés sans cesser de briller de leur éclat particulier.

Ces différents aperçus sont ceux que nous avons essayé de réunir dans l'essai bien imparfait qu'on vient de lire. Rien de plus propre, selon nous, à répandre de justes notions d'un art, à expliquer la nature de ses effets, les causes de ses transformations, à ouvrir les esprits à l'intelligence de ses produits, comme aussi à montrer que cet art est une expression du vrai, au même titre que toutes les autres expressions de l'homme. Ce n'est pas que nous ajoutions aucun mérite de nouveauté à nos observations sur l'identité originelle de la musique et du langage, et sur la corrélation de certains éléments propres aux arts divers. Tout cela découle naturellement de la théorie de la parole si lucidement exposée par d'éloquents écrivains, de l'analyse des facultés humaines, des faits les mieux constatés par l'expérience. Nous ne réclamons pour nous que l'application de ces principes à la musique, et une étude sérieuse et désintéressée des lois de sa constitution fondamentale.

ERRATA.

Page 40, *ligne* 15 : et qui, *lisez* : et que.

Page 45, *ligne* 9 : la prédominante, *lisez* : la prépominance.

Page 45, *ligne* 20 : se met en relief et s'établit, *lisez* : se met en relief et s'installe.

Page 56, *ligne* 27 : ils doivent être identiques, supprimez la virgule.

Page 64, *ligne* 52 : plain-haent, *lisez* : plain-chant.

Page 90, *ligne* 29 : de son incompréhensible essence, *lisez* : dans son incompréhensible essence.

A MONSIEUR L'ABBÉ GERBET.

DES TONALITÉS.

— 1853. —

Plebs psallit et infans.
Venance Fortunat.

I.

Que faut-il entendre par *tonalité* (1) ?

Suivons ce mot à travers les âges, en fai-sant connaître, autant que possible, ses diverses significations. Puis, nous recherche-rons quels sont les mots sous lesquels, suivant l'état des connaissances musicales aux différentes époques, on a exprimé une notion analogue à celle que le mot de *tona-lité* comprend aujourd'hui.

(1) Nous serons obligé, dans le cours du pré-sent travail, de rappeler de temps en temps des notions déjà exposées dans la Philosophie de la Musique.

Dès le xiiiᵉ siècle, le mot *tonaliter* se trouve employé trois fois adverbialement dans des chartes citées par Du Cange : *Missa* ᴛᴏɴᴀʟɪᴛᴇʀ *decantetur*. (In Charta ann. 1283, *apud* Gᴀᴅᴇɴ., *Cod. diplom.*, tom. II, p. 339.) — *Missa pro defunctis in choro tonaliter celebretur*. (Confederatio ann. 1300, in *Chronico Mellicensi*, p. 187. col. 1.) — *Si tonaliter finis versuum deponitur, oportet ut sæpius accentus infringatur*. (*Instituta Patrum*, apud Tʜᴏᴍᴀsɪᴜᴍ in *Appendice ad Antiphon. Roman.*, pag. 444.)

Mais par cette expression *tonaliter*, il y a apparence qu'on n'entendait autre chose que chanter avec note, avec modulation, *cum modulatione et notis*, ou avec *haute note*, comme on disait autrefois, c'est-à-dire en suivant une certaine série d'intonations, par opposition à ce que l'on entendait par chanter à voix basse, psalmodier sur un seul ton, *submissa voce*.

On comprendra bientôt pourquoi le mot de basse latinité *tonaliter* ne pouvait avoir une autre signification à une époque où, le système du plain-chant existant sans rival, la notion actuelle, et la plus générale, de *tonalité* ne pouvait naître de la comparaison de deux ou plusieurs systèmes musicaux entre eux.

Il faut arriver jusqu'au temps où la musique moderne a déjà fait invasion dans le monde et a soumis l'oreille et l'organisation des peuples à des conditions tonales autres que celles qui étaient propres au plain

chant, pour trouver un premier ,indice du
sentiment juste de la *tonalité*.

II.

Ce premier indice se rencontre dans
un petit article du *Mercure de France* du
mois de février 1728 (pp. 235-237), *sur la
coutume d'employer les sept lettres de l'alphabet pour désigner les sons*. L'auteur y parle
de *la science du tonal ecclésiastique*, que
dans sa pensée il oppose évidemment à ce
qu'on pourrait appeler *la science du tonal
mondain* (1).

Le mot *tonal*, pris ici substantivement et
accompagné de l'épithète *ecclésiastique*, dé-
note bien clairement un système de musique particulier, une *tonalité* en rapport avec
le sens liturgique des choses et des usages
du culte, qui n'a, sinon rien de commun,
du moins ni but, ni destination analogues
avec le système do musique moderne.

(1) Voici le passage : « Mais ce que ne savent
pas ceux qui ne sont versés que superficiellement
dans la science du tonal ecclésiastique, ou qui croient
que tout y est *ad libitum*, c'est que l'on n'arrête jamais un chiffre à une lettre dans un bréviaire en
qualité de caractères distinctifs de la psalmodie, que
le chant de l'antienne ne soit fait auparavant, parce
que c'est l'antienne qui régit la psalmodie. » Il est
évident que l'auteur fait ici allusion aux musiciens
qui, préoccupés des deux uniques modes de la musique moderne, ne tiennent aucun compte des
modes du plain-chant, lesquels modes constituent
précisément, dans les deux systèmes, les différences
des deux tonalités.

De plus, ce substantif *tonal*, qui est déjà au fond le mot de *tonalité*, implique l'idée d'un certain ordre, et d'un certain arrangement de sons dont l'oreille est affectée.

III.

De substantif, le mot *tonal* est devenu adjectif, et, restreignant sa signification, il a été appliqué à la prédominance d'un accord dans l'harmonie. C'est ainsi que l'on dit en parlant d'une modulation : *le sentiment tonal*, ou *la force tonale qui résulte de tel accord exige que l'on passe dans tel ton.*

De là il est aisé de comprendre que le mot de *tonalité* a été pris successivement dans plusieurs acceptions. Et il est non moins aisé de comprendre que ces diverses acceptions sont en rapport avec quelques-unes de celles du mot *ton*.

Effectivement, outre que le mot *ton* signifie l'intervalle d'un ton à un autre dans l'ordre diatonique, comme de *ut* à *ré*, de *ré* à *mi*, de *sol* à *la;* outre qu'il signifie le degré d'élévation que prennent les voix suivant qu'elles chantent au *ton* de l'orgue ou au *ton* de l'orchestre; etc., significations dont nous n'avons pas à nous occuper ici, le mot *ton* se prend aussi pour une règle de modulation relative à une note principale appelée *tonique;* et encore pour le mode général *majeur* ou *mineur* dans lequel est écrit un morceau de musique. Dans les deux cas, il faut admettre la prédominance d'un accord ou d'un ton sur d'autres accords ou sur d'autres tons.

Donc, entendu dans son sens le plus restreint, le mot *tonalité* exprime la prépondérance de tel accord ou de tel ton qui détermine telle modulation, telle résolution dans l'accord suivant. Dans ce sens, le mot *tonalité* ne se rapporte qu'à la sensation momentanée que fait naître tel accord envisagé dans sa relation immédiate avec le membre de phrase ou la période qui suit.

IV.

Pris dans un sens plus étendu, le mot *tonalité* s'applique à la prédominance d'un ton pendant la durée d'un morceau de musique. C'est ainsi que l'on dit le *ton* d'*ut*, de *fa mineur*, de *la*, de *mi bémol*, etc. Tout morceau de musique, depuis la romance jusqu'à la symphonie, est généralement soumis à cette loi de prépondérance d'un ton fondamental en vertu de laquelle l'œuvre, quelle qu'elle soit, doit commencer et finir dans ce même ton. Le compositeur dispose son sujet dans un ton donné, et le sujet se nuance selon le caractère du ton, car chaque ton a sa physionomie particulière, non-seulement en rapport avec son degré d'élévation dans l'échelle générale, mais encore en rapport avec les divers timbres des voix et des instruments qui varient pour chaque ton. Une fois la *tonalité* du morceau bien établie, le compositeur développe son discours musical en passant successivement dans d'autres tons, c'est-à-dire en modulant. Mais le sentiment de la *tonalité* principale reste, et, quelle que soit la longueur du morceau, des divertissements et des épisodes qu'il comporte, l'oreille n'est satisfaite que lorsqu'elle sent reparaître le ton ou plutôt la *tonalité* primitive à laquelle le compositeur doit revenir souvent comme à son point de départ, et sur laquelle il doit surtout insister en finissant.

V.

Nous allons progressivement d'une notion à une autre, de la plus restreinte à la plus large. Nous voici arrivés à cette dernière, et, par le mot *tonalité* nous n'entendons plus la prédominance d'un accord sur un autre accord, ni d'un ton sur les autres tons, mais la prédominance de tel ou tel système de musique sur tout autre système dans l'oreille et l'organisation humaines.

Il y a divers systèmes de musique, c'est-à-dire diverses manières de concevoir l'échelle des sons; et cette diversité des échelles de sons implique aussi pour notre oreille et notre organisation diverses manières d'en être affectées.

Revenons à cette vaste échelle générale des sons dont il a été déjà parlé, laquelle comprend tous les sons naturels perceptibles à notre ouïe, depuis le plus grave jusqu'au plus aigu, et qui est, avons-nous dit, comme l'alphabet universel de la langue des sons à notre usage, de la musique vocale et instrumentale

Supposons, dans cet immense clavier, une corde attachée d'un côté à un chevalet fixe, de l'autre à une clef mobile. Mettons cette corde en vibration, et par le moyen d'une tension à la fois insensible et progressive de la corde, faisons pour ainsi dire glisser le son sur cette multitude de petits intervalles compris entre le premier son donné, le son primitif, et la reproduction du même son à l'aigu que nous ne nommerons pas *octave* ici, parce que ce mot n'aurait aucun sens, puisque nous considérons la série des sons abstraction faite de toute idée de division préconçue. Or, entre ce son primitif et le son qui est sa reproduction à l'aigu, qui *consonne*, ou, pour mieux dire, qui *équisonne* avec le premier, il n'est aucun point intermédiaire qui ne puisse être considéré comme la place d'un intervalle; car, à l'exception des aliquotes qui sont le produit du phénomène simple de la résonnance, lesquels se rencontrent dans presque tous les systèmes musicaux, il n'est aucun des autres intervalles qui soit essentiel en soi. On peut donc concevoir des systèmes de sons composés d'intervalles indéfinis et placés à des degrés indéterminés. Jetons un coup d'œil sur la division des échelles particulières de quelques systèmes que l'analyse scientifique a fait connaître.

VI.

Faisons observer, en premier lieu, que, chez les Grecs, ce que nous appelons l'intervalle d'un ton était divisé en quatre parties, **puisque**, dans leur échelle enharmonique, chaque degré était à la distance d'un quart de ton.

L'échelle musicale des Hindous est divisée en vingt-deux parties, correspondant à peu près à des quarts de ton de notre gamme. Ces vingt-deux parties sont ainsi disposées :

sa,   *ri.*   *ga,*   *ma,*   *pa,*   *dha,*   *mi,*   *sa* (1).

4   3   2   4   4   3   2

La gamme des Chinois est divisée, comme celle de notre musique moderne, en sept sons, tons et demi-tons; mais elle diffère essentiellement de la nôtre en ce que le premier tétracorde, au lieu d'être composé de deux tons et d'un demi-ton, comme dans notre mode majeur, se compose de trois tons consécutifs, et se rapporte à une gamme de *fa* dont le *si* serait bécarre, ou à une gamme d'*ut* dont le *fa* serait dièse. C'est là une circonstance vraiment extraordinaire qui rend cette gamme presque aussi éloignée des habitudes de notre oreille que si elle était composée d'intervalles plus petits. De plus, l'échelle des Chinois se divise en douze demi-tons *égaux*, ce qui exclut toute analogie entre ce système et le nôtre, dont les demi-tons sont classés en majeurs et mineurs (2).

(1) *Voy.* le *Résumé philosoph. de l'hist. de la mus.*, par M. Fétis, p. XLIII.

(2) *Ibid.*, p. LV-LVII.

Pour avoir une idée du système de la musique arabe, il faut laisser parler Villoteau : « Il paraît, dit-il, que le système de musique des Arabes n'a pas conservé une forme constante, et que les auteurs n'ont pas toujours été d'accord sur la manière de la composer ; les uns divisent l'octave par tons, demi-tons et quarts de ton, et comptent par conséquent vingt-quatre tons différents dans l'échelle musicale ; d'autres la divisent par tons et tiers de ton, et font l'échelle musicale de dix-huit sons ; d'autres y admettent des demi-quarts de ton, ce qui produit quarante-huit sons ; quelques-uns enfin prétendent que le diagramme général des sons comprend quarante sons ; mais, la division la plus généralement reçue étant celle des tiers de ton, il s'ensuivrait que ces quarante sons comprendraient deux octaves et un tiers pour toute l'étendue de ce système ; ce qui est, en effet, d'accord avec le diagramme général des sons que nous avons trouvés notés en arabe (1). »

Nous pourrions pousser beaucoup plus loin cette énumération des divers systèmes musicaux ; nous nous bornerons à ajouter que l'échelle musicale des Ethiopiens « se compose de diverses espèces d'intervalles, les uns plus grands, les autres plus petits, et qu'elle comprend vingt et quelques de ces intervalles (2). »

(1) *De l'état actuel de l'art musical en Egypte,* dans la *Description de l'Egypte,* t. XIV, édit. in-8°, p. 13 et 14.
(2) *Ibid.,* p. 283.

Et remarquons que nous n'avons parlé ici ni des espèces d'octaves, ni des modes innombrables de ces divers systèmes.

VII.

Il est donc évident qu'à l'exception de certains intervalles tels que ceux que nous nommons l'octave, la quinte, la quarte, lesquels se rencontrent dans la plupart des systèmes de musique et qui sont les intervalles fondamentaux de toute gamme, tous les autres intervalles qui entrent dans la composition des divers systèmes n'ont rien d'absolu ni d'essentiel en soi, c'est-à-dire ne sont nécessités par aucune loi qui contraigne l'oreille à les choisir de préférence à tous autres. Or, d'où vient cette différence entre les systèmes ? Des diversités d'organisation, de sensibilité, d'éducation, d'habitudes chez les individus et chez les peuples. Voilà ce que répondent tous les auteurs qui se sont occupés de la question des divers systèmes de musique ; mais cette explication est insuffisante et vague. Il en est une beaucoup plus vraie, plus profonde, plus logique, plus en rapport avec la philosophie de l'art, avec la connaissance de son origine, de sa nature, de son but, qu'on ne doit point séparer de la philosophie de l'homme. La musique est un langage comme la parole. Ce langage, comme la parole, est commun à tous les hommes. Mais si les hommes ont un langage, ils ne parlent pas la même langue. Les peuples ont une langue, un idiome, un dialecte, plus ou moins dérivé d'une langue de première formation, et en harmonie avec leur civilisation, les conditions du climat, leurs mœurs agricoles, pastorales, commerçantes, conquérantes, etc. Les divers systèmes de musique sont comme les idio-.mes et les dialectes du langage musical ; et les diverses gammes et échelles de ces sys- tèmes de musique,.avec la division d'inter- valles qui leur est propre, avec les fonc- tions, les propriétés, les affinités et répul- sions de ces mêmes intervalles entre eux, sont comme les alphabets de ces divers dia- lectes, idiomes ou langues.

Comme cette théorie nous paraît, sinon nouvelle, puisque elle a été entrevue par d'excellents esprits dont nous allons bien- tôt invoquer le témoignage, mais non en- core développée d'une manière correspon- dante à l'état actuel de la science, ne crai- gnons pas d'entrer plus avant dans la dé- monstration des principes posés.

VIII.

Supposons tel peuple, telle tribu dont nous lisons l'histoire. Cette agglomé- ration d'hommes, cette peuplade a un système de musique, basé sur une gamme ou une échelle, laquelle est constituée d'une certaine manière. C'est là sa mu- sique, son chant maternel.

Le même peuple parle une langue, un idiome, un dialecte. Cette langue a un certain accent, triste, guttural, fier, âpre, doux, suivant que ce peuple est com- merçant, trafiquant, guerrier, agricole, pasteur, religieux ; suivant qu'il habite la plaine, la montagne, le bord d'un fleuve, le rivage de la mer ; suivant qu'il est issu de telle race, qu'il est mêlé à telle autre, qu'il a été conquis ou conquérant, ou bien qu'il se perpétue dans son unité originaire ; suivant que la zone sous laquelle il habite est chaude, froide, tempérée ; suivant que le climat est sec, pluvieux, en un mot accidenté de telle ou telle façon, etc.

Maintenant, concevez-vous que la musique maternelle de ce peuple, son chant naturel, n'ait aucun rapport, aucune affinité avec la langue ou le dialecte qu'il parle ? Concevez-vous que *l'accent*, ce cri de l'âme, ce principe vital de la parole comme de la musique, ne se manifeste pas dans l'une et dans l'autre ? que les mêmes habitudes, des mœurs constantes, des occupations semblables, les circonstances de climat et mille autres choses qu'il est impossible de spécifier, n'engendrent pas des caractères analogues et dans le langage de ce peuple et dans son chant ?

Allons plus loin : Concevez-vous que la musique de ce peuple se soit formée d'une autre manière que sa langue ? Entendons-nous : Si ce peuple a reçu une partie de sa langue ou de son idiome d'une colonie conquérante qui est venue s'établir chez lui et se mêler à lui, concevez-vous qu'il n'en ait pas reçu également une partie de sa musique, ou que son système musical n'ait pas été modifié par suite de cette invasion ?

Cela posé, il est bien certain que si vous

allez chez ce peuple, si vous assistez à ses
cérémonies, si vous entendez ses chants,
ses concerts, cette musique vous déchirera
les oreilles et vous paraîtra barbare. Quant
à sa langue, vous n'y comprendrez rien, et
vous n'en pourrez juger que par les accents,
les inflexions, les articulations qui probablement vous paraîtront fort désagréables.
Il est très-vraisemblable que, sous le rapport
de l'art, en tant qu'expression du vrai et du
beau, la musique de ce peuple est fort inférieure à celle que nous cultivons. Mais
prenez garde ; ne vous hâtez pas de la déclarer absolument fausse, insupportable, car
les naturels du pays, n'ayant pas davantage
les oreilles façonnées à la vôtre, se servi-
ront des mêmes épithètes pour qualifier le
système que vous leur opposez.

IX.

Il est curieux d'entendre Villoteau ra-
conter l'effet que produisit sur ses oreilles
la musique des Orientaux, qu'il eut la mission d'aller étudier sur les lieux, lors de
l'expédition d'Egypte. « Accoutumé au plaisir d'entendre et de goûter, dès la plus tendre enfance, les chefs-d'œuvre de nos grands
maîtres en musique, il nous fallut, avec les
musiciens égyptiens, supporter tous les
jours, du matin jusqu'au soir, l'effet révol-
tant d'une musique qui nous déchirait les
oreilles, de modulations forcées, dures et
baroques, d'ornements d'un goût extrava-
gant et barbare, et tout cela exécuté par des
voix ingrates, nasales et mal assurées, ac-

compagnées par des instruments dont les sons étaient maigres et sourds, ou aigres et perçants.

« Telles furent les premières impressions que fit sur nous la musique des Egyptiens ; et si l'habitude nous les rendit par la suite tolérables, elle ne put jamais néanmoins nous les faire trouver agréables, pendant tout le temps que nous demeurâmes en Egypte.

« Mais, de même que certaines boissons, dont le goût nous répugne les premières fois que nous en buvons, deviennent cependant moins désagréables plus nous en faisons usage, et finissent même quelquefois par nous paraître délicieuses quand nous y sommes tout à fait habitués ; de même aussi une plus longue habitude d'entendre la musique arabe eût pu diminuer ou dissiper entièrement la répugnance que nous faisait éprouver la mélodie de cette musique. Nous n'oserions assurer qu'un jour nous n'aurions pas trouvé des charmes précisément dans ce qui d'abord nous a le plus rebuté ; car combien de sensations, que nous regardons comme très-naturelles, ne sont cependant rien moins que cela ! Les Egyptiens n'aimaient point notre musique, et trouvaient la leur délicieuse ; nous, nous aimons la nôtre, et trouvons la musique des Egyptiens détestable : chacun de son côté croit avoir raison et est surpris de voir qu'on soit affecté d'une manière toute différente de ce qu'il a senti ; peut-être n'est-on pas mieux fondé d'une part que de l'autre. *Pour nous,*

nous pensons que la musique la plus agréable-
ment expressive doit plaire le plus générale-
ment, et que celle qui n'a que des beautés fac-
tices et de convention, qui n'expriment aucun
sentiment, ne peut plaire que dans le pays où
l'on est accoutumé à l'entendre (1). Nous
avons connu en Égypte des Européens rem-
plis de goût et d'esprit, qui, après nous
avoir avoué que, dans les premières années
de leur séjour en ce pays, la musique arabe
leur avait causé un extrême déplaisir, nous
persuadèrent néanmoins que, depuis dix-
huit à vingt ans qu'ils y résidaient, ils s'y
étaient accoutumés, au point d'en être flattés,
et d'y découvrir des beautés qu'ils auraient
été fort éloignés d'y soupçonner auparavant;
elle n'est donc pas aussi baroque et aussi
barbare qu'elle le paraît d'abord (2). »

Le passage qu'on vient de lire est d'autant
plus instructif, que le savant qui l'a écrit,
tout en se rendant parfaitement compte de la
constitution des divers systèmes de musique qu'il examine, ne se doute en aucune
manière, comme il est aisé de le voir par
ses paroles, de leur base et de leur origine.
Uniquement préoccupé de l'ancien système
grec, qu'il regarde comme le seul vrai, et
dont on ne s'est écarté, selon lui, que pour
se jeter dans l'arbitraire et le conventionnel,

(1) Ce n'est pas cela. La musique égyptienne,
sans être aussi perfectionnée que la nôtre, sans
doute, est *expressive relativement;* elle a ses beautés
factices comme elle a ses beautés réelles.
(2) *État actuel de l'art musical en Égypte,* p.
114-116.

il n'admet aucun système, pas même le nôtre, comme naturel et vrai, et il ne paraît pas se préoccuper du phénomène le plus important, qui est le fait même de l'existence de systèmes si différents.

X.

Cependant, il est certain que, sans prétendre comparer les divers systèmes entre eux, et les regarder comme également bons et admissibles, il y a, pour chacun de ces systèmes, une raison d'être relative, une *force des choses* déterminante, qui, abstraction faite de toute idée de convention et de délibération, les ont fait adopter avec leurs irrégularités, conformément et parallèlement aux langues, aux idiomes qui se sont formés, toujours en dehors d'un calcul et d'un choix humain, et qui se perpétuent avec les imperfections et les anomalies de leur syntaxe. Nous en trouverons tout à l'heure la preuve dans la raison fondamentale qui fait que l'élément de l'*harmonie* est tantôt compatible et tantôt incompatible avec les divers systèmes musicaux.

Mais, en attendant, montrons que cette idée de l'identité originaire de la formation des langues et des systèmes de musique n'a pas échappé à de graves théoriciens.

« Le mot de Gamme ou de Système, dit dom Jumilhac, ne signifie autre chose qu'un amas ou assemblage, et une suite ou composition de plusieurs dictions, ou syllabes, ou lettres, qui signifient et donnent à con-

noistre les sons graves et les aigus, leur
difference et leurs intervalles, leur harmonie et leur melodie, leur bonne suite et
leurs consonnances; de sorte que les systemes ou les gammes sont à l'égard du chant
ce que les alphabets sont au regard de la
grammaire, c'est-à-dire les premiers éle-
mens des sons, de leurs intervalles, et de
tout le reste qui concerne le chant, comme
les alphabets le sont des syllabes, des dictions, des discours, des livres, de leur lecture ou prononciation, et de tout le reste
qui appartient à la grammaire... Mais comme
il y a eu divers alphabets, selon la difference
ou des langues, ou des temps, ou des lieux
(quoyqu'ils n'ayent tous esté dressez que
pour signifier les mesmes voyelles et les
mesmes consonnes:) de mesme les philosophes et les musiciens, par succession de
temps, ont pareillement inventé (1) diverses façons de systemes, composez de différentes dictions, ou characteres, ou lettres,
ou syllabes, selon qu'il leur a semblé le plus
commode pour mieux exprimer ou repre-

(1) Nous ne pensons pas que le mot *inventé* doive
être pris ici dans le sens de création *a priori*, par
voie de convention et de délibération. Les peuples
sont bien pour quelque chose dans la formation de
leurs langues et de leurs systèmes de musique,
puisque ce sont eux qui les parlent et qui les chantent.
Ils les *font* comme ils *font* leur mœurs, leur histoire,
leur génie. Mais une armée de philosophes et de linguis-
tes, et une armée de philosophes et de musiciens, ne
sont pas plus capables l'une que l'autre d'*inventer* un
dialecte ou un système musical et surtout de l'imposer
à la masse des individus.

senter les mesmes sons et leurs intervalles (1). »

Et, en effet, dom Jumilhac expose immédiatement les systèmes de la gamme des
Grecs, de celle de Guido d'Arezzo, qui est
celle du plain-chant, de la *gamme commune*,
c'est-à-dire de la gamme *commune* au plain-
chant comme à la musique, alors que pour
l'un et l'autre on admettait la solmisation
par les *muances*, et enfin le système de la
gamme *sans muances*, qui est la nôtre (2).

On ne saurait se méprendre sur le sens
de ce passage. Brossard, pour être plus concis, n'est ni moins précis, ni moins formel.
« *Système* et *Gamme*, dit-il, sont à peu près
dans la musique ce que les *alphabets* sont
dans la grammaire. Or, comme il y a eu différents alphabets, suivant la diversité des

_____

(1) *La science et la pratique du plain-chant*, in-
4°, 1673, part. ii, ch. 9, p. 68.

(2) On comprend ici la nécessité de distinguer
la *gamme* de l'*échelle*, deux choses que les théoriciens ont trop souvent confondues. Nous avons dû
nous conformer jusqu'à présent à l'usage général et
employer indifféremment l'une et l'autre expressions,
pour éviter de jeter de la confusion dans les esprits
par une observation dont l'application eût été pré-
maturée. Mais on conçoit parfaitement que notre
gamme, par exemple, qui exprime la série des sons
dans l'ordre diatonique, et l'*échelle* des sons, qui
comprend en outre les demi-tons propres au genre
chromatique, sont deux choses tout à fait différentes.
La première, majeure ou mineure, renferme une
série de cinq tons et de deux demi-tons diatoniques ;
la seconde une série de douze demi-tons dont deux
diatoniques et les dix autres chromatiques.

langues, des temps, des lieux, etc., de même
il y a plusieurs *systèmes* des sons (1).

Eh bien! ces *systèmes*, ces *gammes*, qui
sont un *amas* ou *assemblage*, une *suite* ou
composition de sons graves et aigus, qui donnent à *connoistre leur différence et leurs intervalles, leur harmonie, leur mélodie, leur
bonne suite et leurs consonnances*, et qui diffèrent entre eux, comme les *alphabets, suivant la diversité des langues, des temps, des
lieux*, etc. ; ces gammes et ces systèmes sont
ce que nous appelons les *tonalités*.

XI.

Ici, le mot *tonalité* prend son vrai sens.
Il exprime les conditions *tonales* propres

(1) *Dictionnaire de musique*, par Séb. DE BROS-
SARD, au mot *Système*. — M. l'abbé David, dans ses
articles de la *Revue de musique religieuse* de M. Danjou,
a rencontré la même idée. M. Fétis, qui n'admet pas
cette identité d'origine des langues et des tonalités,
qui a même protesté contre la théorie que nous ex-
posons dans une lettre qu'il nous a fait l'honneur de
nous adresser, M. Fétis a dit pourtant dans la *Revue
musicale*, année 1832, p. 82 : « Mais qu'est-ce que
des sons isolés, si l'on ne connaît les lois métaphysiques qui en règlent les affinités et les répulsions
suivant l'organisation, les besoins et l'éducation du
peuple dont on veut étudier la musique? » Ou ces paroles n'ont aucun sens, ou bien *ces lois métaphysiques
des affinités et des répulsions des sons suivant l'organisation, les besoins et l'éducation des peuples*, sont
les lois même en vertu desquelles les langues, les
idiomes, les dialectes, ont un certain accent, une certaine harmonie, en un mot une *tonalité* caractéristique.

à chaque système musical, en raison des intervalles dont il se compose, de leurs propriétés, de leurs fonctions, et les modifications dont ce système affecte l'oreille.

Ainsi, lorsqu'on dit : la tonalité du plain-chant, la tonalité moderne, on comprend que le plain-chant et notre musique reposent, de part et d'autre, sur une échelle de constitution absolument différente.

Il y a plus. La notion de tonalité implique le concours de certaines circonstances physiologiques qui, agissant d'une certaine façon sur l'organisation des individus, les disposent à concevoir l'échelle des sons dans un certain ordre et un certain enchaînement plutôt que dans un enchaînement et un ordre différents. Elle suppose un accent particulier, une harmonie caractéristique, en un mot, une force euphonique en rapport avec l'accent, l'harmonie, l'euphonie de la langue avec laquelle ce système musical co-existe.

Cette notion de la tonalité s'est dégagée peu à peu de l'analyse comparée des éléments du plain-chant et de la musique moderne, comme aussi des divers systèmes propres aux peuples orientaux, analyse qu'on ne devra plus désormais séparer de la science de l'homme, c'est-à-dire de la connaissance de ses instincts moraux et de ses facultés physiologiques, suivant les temps, les lieux, les races, non plus que de l'étude des langues.

XII.

Nous avons vu que Villoteau avait beaucoup contribué à l'éclaircissement de cette notion par son exposition des diverses constitutions de l'échelle musicale chez les peuples de l'Orient, bien qu'il ait considéré ces échelles comme des faits arbitraires en soi, sans en tirer la moindre conséquence relativement à la question philosophique qui nous occupe.

M. Fétis est allé beaucoup plus loin. S'emparant des documents mis en lumière par Villoteau, pour ce qui concerne les Arabes et les peuples de même souche, et des recherches des savants anglais, sir William Jones, Ouseley, Paterson, ainsi que du P. Amyot, pour la musique de l'Inde et de la Chine (1), ce savant a porté dans son analyse un véritable esprit de critique, et, bien que sa théorie soit loin d'être complète, faute par lui d'avoir rattaché la question des tonalités à celle de la formation des langues et de l'origine des races humaines, il n'en est pas moins vrai qu'il a jeté une vive lumière sur les bases de la constitution des deux tonalités en usage parmi nous, je veux dire celles du plain-chant et de la musique moderne.

XIII.

Cependant la question véritable, entrevue d'abord, comme nous l'avons montré,

(1) *Voy.* les deux premiers chapitres du *Résumé philosophique de l'histoire de la musique.*

par dom Jumilhac et Brossard, n'avait pss été abandonnée. Un écrivain du commencement de ce siècle lui avait fait faire un nouveau pas.

L'auteur des *Notions sur l'ouïe* (1), Fabre d'Olivet, avait développé cette proposition, savoir, que, tantôt par suite de sa conformation, l'oreille de quelques individus, *accessible à de certains sons, se refuse à en admettre certains autres*, et tantôt *reste absolument étrangère à de certaines inflexions vocales.* Appliquant cette remarque à des populations entières, l'auteur que nous citons y voit la raison des différences des échelles musicales des divers peuples : « Cette observation t ès importante, dit-il, rend raison des différences notables que les différents peuples apportent dans leur échelle musicale, et dans le nombre ou la nuance de leurs articulations. On sait, par exemple, que *les* peuples orientaux, qui suivent le système musical des Arabes, et qui prennent le ton *ré* pour ton fondamental au lieu du ton *ut* que nous prenons, donnent au son *fa bécarre* qui est la tierce naturelle de ce même *ré*, un quart de ton de plus que nous; en sorte que leur ton naturel *ré* n'est exactement ni *majeur* ni *mineur*, selon notre manière de parler. Le son *fa demi dièse*, ainsi constitué, qui plaît à leurs oreilles, est insupportab e aux nôtres : ce qui indique une différence d'organisation, et dépend certainement de la

(1) Montpellier, 1819, in-8°, p. 127, note 26, 2° édition.

cause toute simple que j'indique. On sait aussi que ces mêmes Arabes, et tous les peuples qui tiennent à la même souche, ne peuvent point articuler la consonne P, ce qu'ils feraient assurément si leur oreille n'y était point étrangère de sa nature, car cette consonne labiale n'a rien de difficile. Le peuple chinois, qui comprend plus de deux cent millions d'individus, est resté étranger aux consonnes B, R et Z, et l'on a trouvé, parmi les peuplades américaines, des hordes assez considérables chez lesquelles manquaient plus de la moitié de nos articulations vocales ou consonnantes. »

Est-il nécessaire de dire que, si nous admettons, pour *quelques individus*, le phénomène qui sert de point d'appui à cette argumentation, nous ne l'admettons pas pour une race d'hommes tout entière; que, selon notre conviction, fondée sur des lois physiologiques constantes, la conformation de l'oreille chez l'Arabe n'est pas d'une *nature* différente que chez l'Européen? Mais qu'importe si les effets sont les mêmes, quelle qu'en soit la cause, si les habitudes, l'éducation, les accentuations propres à la langue et d'autres circonstances extérieures modifient le sens auditif d'une manière telle qu'il en résulte chez les individus une corrélation intime entre la tonalité et l'idiome qui lui correspond.

XIV.

Avant d'aller plus loin, il est nécessaire de donner une explication. Nous parlons ici des tonalités dans leurs rapports d'origine avec les langues. On ne peut douter, en effet, que chaque langue, du moins chaque langue de première formation, n'ait engendré une tonalité analogue, car l'oreille des peuples est une. Est-ce à dire qu'il y a autant de tonalités que de langues ? Il faut s'entendre. Pour les tonalités, comme pour les langues, il en est qui sont plus ou moins universelles ; il en est d'autres qui sont circonscrites dans des limites étroites ; il est enfin des *tonalités mortes*, c'est-à-dire qui ont été absorbées dans la tonalité régnante. Nous voyons que la tonalité de notre musique moderne est universelle en ce sens qu'elle est commune à toutes les régions de l'Europe, et qu'elle pénètre peu à peu dans les diverses parties du globe. Mais dira-t-on pour cela que chaque région, chaque contrée n'ait pas ou n'ait pas eu une tonalité à elle, sa tonalité autochtone ? Voyez les parties de l'Europe où la musique est aujourd'hui le plus en honneur, l'Italie, l'Allemagne, l'Angleterre, la France, etc. ; à coup sûr, une même tonalité régit l'oreille chez ces différentes nations, qui parlent néanmoins des langues différentes. Mais les grands caractères, les traits saillants qui distinguent la musique italienne, la musique allemande et la musique française, et qui ont donné lieu à la classification des *écoles*, peut-on les considérer isolément des éléments euphoniques propres aux langues française, italienne et allemande ? Et les éléments euphoniques musicaux de ces trois langues, débris peut-être d'une tonalité primitive, ne les trouverait-on pas disséminés, éparpillés, dans les chants et les dialectes populaires que l'on recueille si avidement aujourd'hui, parce qu'on sent instinctivement que, pour saisir la physionomie d'un peuple, il faut l'étudier dans les monuments de sa langue, de sa musique, de sa poésie, de ses chants; car tout cela c'est tout un, puisque tout cela forme son langage ? L'Angleterre, l'Irlande, l'Ecosse, la Suède, le Danemark, la Russie, la Pologne, l'Algérie, chantent aujourd'hui notre musique. Hé bien ! l'Angleterre conserve ses chants populaires, ses airs gallois, ses chants des druides et des bardes, que l'on retrouve dans l'Armorique ou Bretagne française; l'Ecosse, ses vieux airs montagnards ou des highlanders; la Suède, les chants des Goths; les Danois, ceux des Scandinaves; les Russes, les Kosaks, les Tatars, les tristes et monotones mélodies des Scythes; les Polonais, les accents des Vandales. Autant de tonalités que de peuples. M. Fétis a constaté même plusieurs tonalités en Irlande, et deux gammes distinctes en Ecosse (1). Ces divers peuples

(1) « Une origine orientale semble exister dans une partie de la langue et de la musique de l'Irlande ; les rapports sont surtout sensibles avec les dialectes de l'Inde..... Le mélange des peuples dont paraît s'être formée l'ancienne population de l'Irlande a exercé son influence sur les tonalités de musique. Je dis les tonalités, car il en existe plusieurs dans la musique irlandaise... » Et quelques lignes plus loin, M. Fétis établit les rapports des mélodies et de certains modes de l'Inde avec quelques mélodies irlandaises. — *Voy.* le *Résumé* déjà cité, pp. cxl à cxliii. — Ici, au moins, M. Fétis a constaté l'identité d'origine de la langue et de la tonalité.

**

ont des instruments spéciaux, le goudok, la gously, la harpe, le crwth, etc., qui, tous, par la manière dont ils sont accordés, se rapportent à des gammes particulières. Ces tonalités varient entre elles ou par l'arrangement des intervalles dans l'échelle, ou parce que les unes comportent l'harmonie que d'autres repoussent, ou parce qu'elles donnent lieu à certaines bizarreries de rhythme. Et quant aux provinces de l'Algérie, qui reçoivent actuellement, avec les bienfaits de notre civilisation, notre langue et notre musique, pense-t-on que, par suite de cette lente et salutaire assimilation, elles perdront toutes traces de leurs chants, de leurs concerts orientaux, de cet art natif fondé sur de petits intervalles? Non, ces traces subsisteront aussi longtemps que les souvenirs de leurs traditions, de leurs usages, de leur religion, de leur langue.

XV.

Renfermons-nous dans notre France. Comparez les airs populaires, les cantiques, les légendes chantées, les chants d'amour et de guerre, les danses, etc., du midi de la France à ceux de la Bretagne, de l'Auvergne, à ceux du nord; vous vous convaincrez que ces chants offrent des dissemblances, des singularités bien remarquables; non qu'à proprement parler ils reposent, pour la plupart, sur une constitution particulière de la gamme; mais ils affectionnent certains intervalles de préférence à d'autres, et ces intervalles y revêtent des propriétés dis-

tinctives qui ne se rencontrent pas ailleurs.
N'oublions pas de mentionner ici les combinaisons de rhythme propres aux divers
pays (1). Or, que sont ces chants populaires, à l'égard de notre art musical proprement dit, si ce ne sont des espèces de dialectes musicaux, tels que le provençal, le
languedocien, la langue *moundino*, le bour-
guignon, le patois messin, le bas-breton,
qui, sous l'empire de la langue dominante,
commune à toutes les provinces de la
France, se maintiennent encore, quoiqu'ils
soient de jour en jour resserrés dans les
régions qui furent leur berceau, et qui,
rapprochés des chants populaires, se grou-
pent en diverses familles de dialectes et de
tonalités, et découvrent ainsi les couches
successives, latine, celte, gauloise, ger-
maine, dont s'est formé peu à peu le sol de
la patrie.

Dans notre opinion, la théorie générale
des langues et de leurs ramifications ne
pourra être complétée que par une théorie
générale des tonalités et de leurs dérivés, non
que les tonalités doivent différer les unes à l'é-
gard des autres au point où les langues diffèrent entre elles ; car il ne faut pas perdre de

(1) En Auvergne, par exemple, les chants des
pays de plaine sont à deux temps, ceux des pays de
montagnes à trois temps. On connaît même des
danses de certaines provinces espagnoles qui sont
dans la mesure à cinq temps. Pour la facilité de la
notation et de la lecture on partage chaque mesure
en deux, dont la première est à trois temps et la
seconde à deux, alternativement.

vue que l'élément vocal étant la base de la parole et de la musique, les sons vocaux sont les mêmes dans toutes les langues et dans tous les alphabets ; qu'ainsi les langues ne peuvent influer sur les tonalités que par l'élément de la consonne ou de l'articulation par lequel elles se diversifient entre elles. Il faut également se rappeler que dans tous les systèmes musicaux qui ne sont pas liés étroitement à l'institution de la parole, mais qui existent comme art indépendant, le son, dans la nécessité où il est de former un sens, un sens purement musical, bien entendu, est contraint de se créer en quelque sorte une limite à lui-même dans des intervalles en affinité les uns avec les autres, mais distincts les uns des autres, fixes, précis, de manière à être parfaitement perceptibles à l'oreille. Or, ces intervalles ainsi arrêtés forment comme autant d'articulations sonores, et c'est par ce côté que les tonalités se rapportent au caractère propre des langues, caractère qu'elles reçoivent, nous le répétons, de l'élément de la consonne et de l'articulation, qui est, pour ainsi parler, la partie instrumentale des idiomes.

XVI.

Pour ce qui est du plain-chant ou chant grégorien, presque aussi universel que notre musique. il importe de considérer qu'il fut, ainsi que cette seconde appellation l'indique, une institution liturgique autant qu'un système musical, qu'il a dû se maintenir aussi longtemps qu'il ne s'est

pas trouvé en présence d'une tonalité rivale,
et qu'à raison de son universalité même, sa
paisible domination n'a pu être troublée par
des tonalités restreintes à certains pays.

XVII.

Constituées ainsi que nous venons de
le dire, les tonalités s'installent, pour
ainsi parler, dans l'oreille des peuples;
elles s'assouplissent à leur organisation et
se confondent avec leur langage. Les éléments euphoniques de la tonalité ne sont
pas d'une autre nature que ceux de la parole elle-même, et, de même que l'enfant
parle sa langue sans l'avoir apprise gramma-
ticalement, il chante aussi sa musique,
c'est-à-dire sa tonalité maternelle, sans en
connaître la théorie. La gamme, l'échelle
des sons s'établit peu à peu dans sa tête;
les relations des sons se révèlent à son instinct; son oreille s'y forme, ses organes s'y
prêtent; il ne sait rien encore, mais il sent
tout; c'est une langue dont il a la clef. Et
comment ce phénomène s'opère-t-il? La
mère, la nourrice, sont les grandes institu-
trices. Connaissez-vous ces simples et naïfs
fredons, ces douces cantilènes que la mère
chante ou improvise au berceau de son enfant? Vous pensez, et elle le pense aussi,
que ces refrains incessants ne servent qu'à
calmer, consoler, bercer ou endormir l'enfant. Eh bien, elle fait plus! Elle lui apprend
ainsi Gluck et Beethoven dont elle n'a sans
doute jamais entendu parler; comme en lui
faisant épeler les mots, en lui déliant les

organes par son caquet perpétuel, elle l'ini-
tie, sans qu'elle s'en doute non plus, à
la langue de Bossuet et de Pascal. Cet enfant a la voix juste, ce qui veut dire qu'il
évite naturellement les intonations irrégu-
lières, ou qu'il les rectifie peu à peu de lui-
même, en se conformant instinctivement au
type de l'échelle musicale commune. Sans
rien savoir, il connaît mieux cette tonalité
maternelle que le théoricien le plus habile ne
connaît un système musical étranger qu'il
voudrait se rendre familier. Il y a donc une
éducation primordiale précédant l'éducation
qui fait le musicien de profession, ainsi
que, pour le langage proprement dit, il y a
une éducation primordiale précédant celle
qui fait le grammairien ou le lettré. C'est
d'ailleurs à cette éducation primordiale que
se bornent, pour la langue comme pour la
musique, les neuf dixièmes des individus.
Pour les autres, la société vient ensuite avec
les chefs-d'œuvre de l'un et l'autre genre,
et c'est par le moyen de lectures ou d'audi-
tions fréquentes qu'ils parviennent à perfectionner cette première éducation, et à se
rendre aptes à juger, jusqu'à un certain
point, du mérite d'une composition musicale
ou d'une œuvre littéraire. Enfin, la tonalité
sous l'empire de laquelle nous vivons pénètre en nous par tous les sons qui arrivent
à notre oreille, par les chants de l'ouvrier,
les refrains de l'orgue de Barbarie, les sons
de la cloche même, et les éléments de cette
tonalité se mêlent si naturellement aux éléments de la langue que nous parlons, que lorsque nous voulons apprendre une langue étran

gère, nous sommes obligés de plier nos organes à des accentuations et à des intonations nouvelles. Mais ce qu'il y a de plus remarquable, c'est qu'en s'insinuant ainsi par toutes sortes de voies secrètes dans notre organisation, elle ferme les issues de notre être à la perception des éléments caractéristiques des autres ; en sorte que notre oreille est une fois pour toutes pliée, façonnée, modifiée dans le sens des éléments que la tonalité maternelle comporte. Et c'est ainsi que nous chantons notre tonalité de la même manière que nous parlons notre langue. Il faut bien nous y résigner ; nous faisons de la musique comme M. Jourdain faisait de la prose, *sans le savoir.*

XVIII.

Une autre raison de l'identité d'origine et de l'étroite corrélation des langues et des tonalités se tire de ce que la plupart de ces dernières sont inharmoniques. Nous disons la plupart, quoique de toutes les tonalités que l'histoire de la musique nous fait connaître, il n'en est réellement qu'une seule, la nôtre, dont l'harmonie soit un élément essentiel (1).

(1) Nous montrons ailleurs que le plain-chant comporte l'harmonie, puisque l'on cite de magnifiques œuvres composées sur des thèmes de plain-chant et qui se distinguent par toutes les richesses de l'harmonie et du contrepoint ; il n'en est pas moins vrai que le plain-chant à l'usage du culte, le chant liturgique, est incompatible avec l'harmonie, et que celle-ci en détruit radicalement le caractère. « N'ou-

Examinons donc quelles sont les tonalités incompatibles avec l'harmonie, quelle est leur nature, quelle est leur destination.

Citons d'abord M. Fétis, car il nous importe d'asseoir nos raisonnements sur des faits que la science a rendus incontestables.

« Mais qu'y a-t il de commun entre la musique des Grecs, celle des Hindous, des Chinois, des Arabes, la psalmodie harmonique du moyen âge, le contrepoint des maîtres du xvie siècle, et l'art de Beethoven, de Weber et de Rossini? Chez tous ces peuples, à toutes ces époques, l'art semble n'avoir ni le même principe, ni la même destination. L'échelle des sons même, ce qu'en un mot nous appelons la *gamme* (1), a été tour à tour considérée de vingt manières diverses ; l'effet de chacune de ces gammes a été de donner à la musique une puissance particulière, et de lui faire produire des impressions qui n'auraient pu être le résultat d'aucune autre gamme. *Avec l'une l'harmonie est non-seulement possible, elle est une nécessité ; avec l'autre, il ne peut y avoir que de la mélodie, et cette mélodie ne peut être que d'une certaine espèce.*

blions pas, dit parfaitement M. Fétis, que l'harmonie ne saurait entrer dans la musique comme accessoire ; il faut qu'elle en soit un des principes constitutifs, ou qu'elle n'y entre point. » — *Résumé*, p. cxvi. — Nous prétendons que l'harmonie est absolument étrangère au plain-chant. Le contrepoint des maîtres du xvie siècle constitue un genre à part.

(1) *Voy.* ci-dessus notre distinction de l'*échelle* et de la *gamme*.

L'une engendre nécessairement la musique calme et religieuse; l'autre donne naissance aux mélodies expressives et passionnées. L'une place les sons à des distances égales, d'une facile perception par leur étendue; *dans l'autre, ces distances sont irrationnelles et excessivement rapprochées.* Enfin, l'une est essentiellement monotone, c'est-à-dire d'*un seul ton;* dans l'autre, le passage d'un ton à un autre s'établit facilement, et la modulation y est inhérente. Chez de certains peuples, le rhythme musical est le produit de la langue; chez d'autres, il est le fruit même de la constitution de la musique (1). »

Ces tonalités inharmoniques, ces gammes, ces échelles, avec lesquelles *il ne peut y avoir que de la mélodie,* sont précisément celles où *les distances* des intervalles *sont irrationnelles et excessivement rapprochées.*

Nous avons vu que l'échelle musicale des Hindous se divise en vingt-deux parties équivalant à peu près à des quarts de ton.

« Faut-il que je dise, s'écrie M. Fétis (2), que des gammes semblables à celles de la musique des Hindous sont absolument inharmoniques? Non, sans doute; mes lecteurs l'ont déjà deviné. Quels accords pourraient résulter des intervalles bizarres qu'on y rencontre? Quels enchaînements d'harmonie pourraient se faire dans ces gammes,

(1) *Résumé* déjà cité, pp. xxxviii et xxxix.
(2) *Ibid.,* p. L.

privées souvent d'une partie de leurs notes
naturelles et altérées dans d'autres? On
conçoit que rien de tout cela n'est possible
avec de semblables éléments. Ne nous éton-
nons point de voir Jones, Ouseley et les
autres écrivains, qui ont traité de la musique des Hindous, déclarer qu'ils n'ont rien
entendu dans l'Inde qui ressemblât à de
l'harmonie..... »

« Nous avons vu que les Arabes divisent
leur échelle musicale en dix-huit intervalles selon les uns, vingt-quatre selon les
autres, quarante et quarante-huit selon
d'autres encore. Admettons la division des
dix-huit intervalles, la plus généralement
adoptée. « Il était absolument impossible, dit
toujours M. Fétis (1), qu'une musique
basée sur de telles gammes ne fût pas in-
harmonique; aussi l'harmonie est-elle inconnue aux Arabes. »

A propos d'une mélodie irlandaise à laquelle le même auteur attribue une origine
orientale, et qu'il rapporte au mode *bhai
rava* des Hindous, il observe que *l'harmonie ne saurait s'appliquer aux mélodies de
celle nature, tandis que toutes les mélodies
irlandaises d'origine septentrionale s'accom-
pagnent sans peine d'accords réguliers* (2).

Nous avons vu que, dans le système enharmonique des Grecs, ce que nous appelons
le *ton* était divisé en quatre parties, ce qui

(1) *Résumé déjà cité*, p. LXXX.
(2) *Ibid.*, pp. CXLI-CXLIII.

donnait environ vingt-deux intervalles ou *quarts de ton* pour l'échelle comprise dans l'étendue de l'octave. Que l'harmonie ait été inconnue aux Grecs, ainsi qu'aux anciens Égyptiens, c'est ce que M. Fétis reconnaît encore formellement. Du moins, si l'on découvre chez les Grecs quelques essais d'harmonie, ce ne peut être que dans le genre diatonique, comme le prouve la musique à sons simultanés de la première pythique de Pindare, donnée par M. Vincent dans son volume des *Notices*. Nous avons la déclaration formelle de ce savant que cette pythique est dans le genre diatonique et du mode dorien.

Pour ce qui est des mélodies enharmoniques, voici ce qu'on lit dans l'analyse d'une leçon professée par le même savant à Bruxelles (1) : « Les mélodies enharmoniques d'Olympe, qui vivait deux cents ans avant la guerre de Troie, et qui sont citées par Aristote comme étant encore connues de son temps, *ne sont autre chose que cette musique par quarts ou par tiers de ton.* » Or, M. Fétis vient de nous dire que des *gammes semblables étaient absolument inharmoniques* (2).

(1) *Gazette musicale* du 14 avril 1850.

(2) Dans son *Résumé* (p. cviii, note 1), M. Fétis avance qu'il ne saurait y avoir d'enharmonie purement mélodique, et que l'harmonie doit faire nécessairement partie de ce qu'on appelle de ce nom. M. Fétis a sans doute en vue l'enharmonie telle qu'elle existe dans notre système moderne. Du reste, ce passage du *Résumé* est en opposition manifeste avec les

Ainsi, constatons bien ce fait : toutes les tonalités constituées sur de petits intervalles de tiers et de quarts de ton sont, sans exception, incompatibles avec l'élément de l'harmonie, c'est-à-dire que, dans aucun cas, elles ne peuvent la comporter. Car, ajoute encore M. Fétis : « N'oublions pas que l'harmonie ne saurait entrer dans la musique comme accessoire; il faut qu'elle en soit un des principes constitutifs, ou qu'elle n'y entre point (1). »

Ajoutons un fait extrêmement curieux que, suivant M. Vincent (*Notices*, p. 111), Photius a extrait de Damascius. « Ce dernier auteur raconte que le philosophe Asclépiodote, quoique très-heureusement né pour la musique, ne fut cependant pas capable de sauver le genre enharmonique, alors perdu. Il eut beau subdiviser et rapetisser les intervalles du chromatique et du diatonique, il ne put parvenir à trouver le genre enharmonique, quoiqu'il eût déplacé et changé au moins 220 chevalets. La cause de son manque de succès fut la petitesse excessive de l'intervalle enharmonique appelé *diésis*. C'est cet intervalle qui, perdu pour notre oreille, dit-il, a entraîné la perte du genre enharmonique lui-même. » Or,

lignes que nous avons citées de la *Gazette musicale* du 14 avril 1850. Dans le *Résumé*, l'auteur nie l'existence du genre enharmonique chez les Grecs. Mieux renseigné, il l'affirme dans la *Gazette musicale*.

(1) *Résumé*, p. cxvi.

pourquoi le genre enharmonique s'était-il perdu, si ce n'est à cause de la séparation de la musique d'avec la parole, ainsi que l'a fort bien observé Rousseau ?

XIX.

Mais pourquoi les tonalités fondées sur les petits intervalles sont-elles antipathiques à l'élément de l'harmonie ? Si nous nous rappelons ce qui a été dit précédemment sur la distinction fondamentale de la parole et du chant, lesquels ont pour base commune le son vocal, savoir que, dans le simple acte de la parole, le son parcourt des intervalles très-rapprochés, très-voisins les uns des autres, et se confondant pour ainsi dire entre eux, de telle sorte qu'ils se dérobent à l'appréciation de l'oreille, ainsi qu'à une classification quelconque, tandis que, dans le chant musical, le son, contraint de puiser en lui-même les éléments d'un sens (musical), procède par intervalles distincts, appréciables et saisissables ; on se convaincra que les tonalités constituées par tiers et quarts de ton ont été formées exclusivement au point de vue de la parole, et qu'ainsi ces petits intervalles ne sont autre chose que les éléments mêmes de ces mille accents, de ces inflexions variées, de ces nuances multiples, au moyen desquels la parole se colore ; on se convaincra également que ces tonalités, trouvant dans la parole leur harmonie essentielle et comme leur raison d'être, ne sauraient admettre d'autre mode de manifestation que le mode

successif, propre à la parole, sans le concours, à quelque degré que ce soit, de l'é-
lément des sons simultanés, élément purement musical et dont l'effet serait d'anéantir et d'absorber la parole quand il ne serait
pas absorbé ou anéanti par elle. On ne peut
douter que Rousseau, fort étranger du reste
à la connaissance des tonalités, n'ait eu
l'instinct de cette vérité quand il a dit :
« Il n'y eut point d'abord d'autre musique
que la *mélodie*, ni d'autre *mélodie* que le son
varié de la parole ; les accents formaient le
chant, les quantités formaient la mesure,
et l'on parlait autant par les sons et par le
rhythme que par les articulations de la
voix (1). »

Nous nous permettrons donc de regarder
comme infiniment probable, et, si nous
osons le dire, comme définitivement acquise
à la science, cette assertion, que les tonalités
constituées sur de petits intervalles, sur des
intervalles inappréciables à notre oreille,
ont uniquement leur raison d'existence dans
l'ancienne alliance de la musique et de la
parole, et en sont comme les vestiges encore
vivants, et ce qui le prouve, c'est que la
musique, une fois dégagée de la parole, et
suivant, livrée à elle-même, une marche indépendante, a désormais cherché, dans l'élément de l'harmonie et dans de grands intervalles plus propres à faire naître celle-ci,
un complément à ce sens, dont elle s'était
trouvée, depuis son divorce avec la parole,

(1) *Essai sur l'origine des langues*, chap. 12.

complétement dépourvue. C'est ce que Rousseau justifie encore par cette observation pleine de justesse : « A mesure que la langue se perfectionnait, la *mélodie*, en s'imposant de nouvelles règles, perdait insensiblement de son ancienne énergie, et le calcul des intervalles fut substitué à la finesse des inflexions. C'est ainsi, par exemple, que la pratique du genre enharmonique s'abolit peu à peu. » Et dans le même chapitre : « Ainsi la *mélodie*, commençant à n'être plus si adhérente au discours, prit insensiblement une existence à part, et la musique devint plus indépendante des paroles. Alors cessèrent peu à peu ces prodiges qu'elle avoit produits lorsqu'elle n'était que l'accent et l'*harmonie de la poésie* (remarquez bien : l'*harmonie de la poésie !*), et qu'elle lui donnait sur les passions cet empire que la parole n'exerça plus dans la suite que sur la raison (1). »

(1) *Ibid.*, chap. 19. — Cherubini disait avec plus de mauvaise humeur que de vérité d'un de nos plus célèbres compositeurs : *Il n'aime pas la fugue, parce que la fugue ne l'aime pas.* On peut dire en toute assurance de J.-J. Rousseau qu'*il n'aimait pas l'harmonie, parce que l'harmonie ne l'aimait pas.* Cette rancune que Rousseau a toujours nourrie contre l'harmonie, et pour cause, a offusqué son jugement dans le passage suivant qui n'est ni complétement vrai, ni complétement faux : « La mélodie étant oubliée et l'attention du musicien s'étant tournée entièrement vers l'harmonie, tout se dirigea peu à peu vers ce nouvel objet ; les genres, les modes, la gamme, tout reçut des faces nouvelles : ce furent les successions harmoniques qui réglèrent la marche

XX.

Les principes précédents étant exposés, passons à une question très-importante, celle de la lutte, ou, pour mieux dire, de l'incompatibilité des deux systèmes du plain-chant et de la musique moderne. Mais, auparavant, une brève exposition de ce dernier.

Il y a deux gammes comme deux modes : la gamme de mode majeur :

ut ré mi⏜fa sol la si⏜ut.

la gamme du mode mineur :

la si⏜ut ré mi⏜fa sol la.

des parties. Cette marche ayant usurpé le nom de mélodie, on ne put reconnaître, en effet, dans cette nouvelle mélodie les traits de sa mère ; et notre système musical étant devenu par degrés purement harmonique, il n'est pas étonnant que l'accent oral en ait souffert, et que la musique ait perdu pour nous toute son énergie. Voilà comment le chant devint par degrés entièrement séparé de la parole, *dont il tire son origine;* comment les harmoniques des sons firent oublier les inflexions de la voix, et comment enfin, bornée à l'effet purement physique du concours des vibrations, la musique se trouva privée des effets moraux qu'elle avait produits quand elle était doublement la voix de la nature. » — *Ibid.* — Rousseau, qui vient de dire que la *mélodie* était primitivement *l'harmonie de la poésie,* ne voit pas que depuis son divorce avec la parole, elle avait besoin précisément de l'élément de l'harmonie pour terminer son sens ; et de plus, il ne voit pas que cet élément de l'harmonie, loin de borner la puissance de la mélodie, lui prête une nouvelle force et multiplie indéfiniment ses accents et son expression.

La gamme du mode majeur se divise en deux tétracordes parfaitement identiques; c'est-à-dire que tous les deux se composent de deux tons suivis d'un demi-ton. La note pénultième du second tétracorde constitue la *sensible*, parce qu'elle fait *sentir* le ton, parce qu'elle se porte sur la note du ton. La note pénultième du premier tétracorde, *mi*, peut aussi être considérée comme une espèce de *sensible* qui fait *sentir* accidentellement le ton de *fa*.

Dans la gamme du mode mineur, les tétracordes sont différents l'un de l'autre. En effet, dans le premier, on compte un ton, un demi-ton, un ton; et, dans le second, un demi-ton suivi de deux tons. Ou bien, si l'on veut conserver la note sensible du ton, on disposera ce second tétracorde ainsi : *mi-fa* ♯ *-sol* ♯ *-la;* ce qui assimilera ce tétracorde aux deux du mode majeur.

Dans l'une et l'autre gamme, il y a cinq tons et deux demi-tons, disposés, comme on le voit, de différentes manières qui constituent le *mode*. Mais comme l'une des propriétés essentielles de la tonalité moderne est de transformer à l'instant n'importe quelle note de la gamme en note sensible, en mettant cette note en rapport avec un degré formant une quarte excédante au grave, ou en un intervalle de trois tons consécutifs, il en résultera la présence de certains intervalles que la gamme majeure ni la gamme mineure n'ont pu nous donner. Par exemple, si nous prenons la note *ut*, et que nous la métamorphosions tout d'un coup en *sensible;* de plus, si nous la mettons en rapport avec sa quarte excédante au grave, savoir *sol bémol*, cette note *ut* nous indiquera *ré bémol* comme tonique, et en même temps que cet *ut* montera sur *ré bémol, sol bémol* descendra sur *fa*, ainsi :

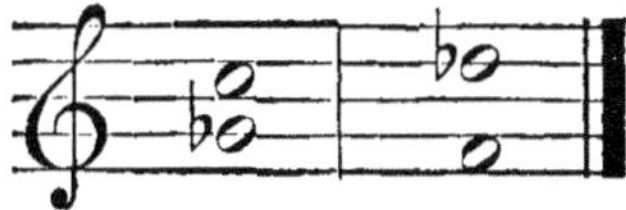

il en sera de même de *ré*, de *fa*, de *sol*, de *la*, pris pour notes sensibles, c'est-à-dire que chacune de ces notes fera apparaître une note située à un demi-ton au-dessus, prise comme tonique nouvelle.

De là la formation de l'*échelle*, que nous avons soigneusement distinguée de la gamme, parce que l'échelle comprend l'alphabet de tous les sons au service de la modulation, par le moyen de la note sensible, c'est-à-dire des tons et des demi-tons de la gamme, plus des demi-tons compris entre les cinq tons entiers de la même gamme; tandis que la gamme réalise tour à tour le mode majeur ou le mode mineur sur chaque degré de l'échelle, à l'aide de cette même modulation par la note sensible.

En sorte que l'échelle de notre tonalité sera celle-ci :

Ut, demi-ton intermédiaire, *ré*, demi-t. inter., *mi*, *fa*, demi-ton interm., *sol*, demi t. interm., *la*, demi-ton interm., *si;*

à savoir douze intervalles différents. Mais

ces demi-tons compris entre les tons entiers de la gamme pouvant être pris comme
sensibles, soit ascendantes, soit descendantes,
suivant que le demi-ton se porte sur la note
supérieure ou la note inférieure, le tableau
exact de l'échelle sera le suivant :

En y regardant bien, ce tableau présente
les trois genres diatonique, chromatique et
enharmonique; le premier, si l'on ne tient
compte que des rondes qui forment la
gamme ordinaire; le second, si l'on ne tient
compte, après chaque ronde, que de la noire
qui la suit en montant, et de même en descen-
dant; le troisième, si l'on tient compte de la
double position du demi-ton, soit dièse, soit
bémol. Voilà notre système, notre tonalité.
Or, ce système, par sa propriété de la modulation au moyen de la note sensible mise
en rapport avec la quarte excédante ou triton, a donné à l'oreille humaine des habitudes, une éducation qu'elle n'avait pas il y a
trois cents ans. Et, puisqu'il faut enfin lâcher
le mot qui jusqu'à ce moment expire sur

nos lèvres, LA TONALITÉ MODERNE A TUÉ LA TONALITÉ DU PLAIN-CHANT.

XXI.

Oui, c'est une chose triste à penser, triste à dire, qui nous a poursuivi pendant tout le cours de notre long pèlerinage à travers les traces à demi effacées des usages et des chants liturgiques, et qui, néanmoins, n'a pas laissé de jeter un charme mélancolique sur notre travail (1), ce charme qui s'attache à l'exploration de ce qui peut être exhumé pour un temps, mais qui ne doit plus revivre, et qui, à mesure qu'on avance vers les régions obscures de l'avenir, semble perdre à chaque pas de sa raison d'être. Oui, ce chant grégorien, cette forme du culte, objet d'un vrai culte pour nous; ce chant qui se lie aux plus purs souvenirs de notre enfance, à la grâce virginale de notre fugitive innocence, aux ineffables mystères de notre âme, aux premiers tressaillements d'une jeune intelligence, s'ouvrant, se dilatant d'elle-même aux effluences de l'esprit divin; ce chant grégorien doit bientôt disparaître : la lettre subsistera, mais l'esprit n'y sera plus. La lettre subsistera! oui, peut-être; il est possible qu'on la retrouve, mais on aura beau faire, ce ne sera plus qu'une lettre morte. Le vase est brisé, et les parfums en sont évaporés. Demandez au haut clergé,

____

(1) Notre *Dictionnaire liturgique, historique et théorique du plain-chant et de la musique d'église*, d'où cet opuscule est tiré, ainsi que le précédent.

demandez aux simples prêtres, et parmi eux,
aux jeunes prêtres surtout, qui, la plupart,
secondent si amoureusement l'envahisse-
ment de la musique profane ; demandez aux
chantres qui, par suite de la situation qu'on
leur fait, surtout à Paris, se trouvent obligés
de contracter un double engagement avec
le théâtre et avec l'Eglise ; demandez aux
organistes, aux maîtres de chapelle, qui
chaque jour font retentir le sanctuaire des
refrains qu'ils rapportent des représentations
lyriques, des concerts et des bals en plein
vent ; demandez enfin aux fidèles, demandez
à cette foule empressée qui se précipite dans
nos temples les jours où l'on annonce une
messe à grand orchestre de la composition
de M. un tel, habitué aux triomphes de la
scène, surtout si les solos sont chantés par
M. un tel, l'acteur en vogue, qu'on a ap-
plaudi la veille et à qui, le lendemain, on
ira jeter des couronnes ; à cette foule qui
laissera vides ces mêmes temples les jours
où l'office sera réduit à l'auguste simplicité,
à la majesté touchante des cérémonies et
des chants de notre sainte liturgie. Oui,
cela est douloureux à penser, douloureux à
dire ; mais l'illusion sur ce point arrêtera-
t-elle le mal ? La réticence, en le palliant, ne
l'aggravera-t-elle pas ?

XXII.

Qui n'a été frappé des unanimes récla-
mations auxquelles a donné lieu, de nos
jours, l'état de décadence du chant religieux, et surtout du plain-chant, dans les

cérémonies de l'Eglise? Il semblait, en effet,
que [dans un temps où les arts du moyen
âge refleurissaient parmi nous et présen-
taient le spectacle d'une splendide renais-
sance ; où les cathédrales gothiques se
paraient, grâce à d'intelligentes restaurations,
de leurs formes symboliques adroitement
renouvelées ; où les œuvres immortelles de
Palestrina, de Vittoria, de Moralès, d'Animuccia, etc., étonnaient les esprits par je
ne sais quoi d'auguste et d'inusité ; il semblait, disons-nous, que les chants liturgiques
devaient suivre le même mouvement, et que
les mélodies grégoriennes, peu à peu déga-
gées des lourds contrepoints de nos chantres et de faux-bourdons barbares, devaient
nous être rendues dans leur pureté primitive.
Il n'en fut pas ainsi. Et pourtant on avait
vu surgir de toutes parts des hommes émi-
nents, capables de se dévouer à cette magnifique restauration : Choron d'abord, puis le
prince de la Moskowa ; puis des prélats,
S. E. Mgr. de Bonald, Mgr. Parisis, etc. ; puis
le R. P. dom Guéranger, le R. P. Lambillotte,
MM. Fétis, A. de La Fage, Th. Nisard, de
Coussemaker, Leclerq, Danjou, Morelot, etc.

Un jeune savant plein d'initiative, M. F.
Danjou, déplorant l'incurie avec laquelle le
clergé abandonnait le plain-chant aux caprices des chantres, aux mutilations des
arrangeurs et fabricateurs de contrepoints,
entreprit de réunir dans un centre commun
toutes les plumes dévouées à la cause des traditions grégoriennes et liturgiques ; il fonda
la *Revue de la musique religieuse, populaire et*

classique, et en partagea la collaboration
avec M. Fétis, M. S. Morelot et quelques
ecclésiastiquesdistingués.Noussommesd'autant plus à l'aise pour parler des services
que ce recueil rendit au chant religieux, que
nous ne prîmes aucune part à sa rédaction.
Dans le court espace de trois années, depuis
1845 jusqu'en 1848, ce journal, dont la sus-
pension a été un véritable malheur pour l'art
contemporain, opéra tout le bien qu'on en
pouvait espérer ; il sut concilier les égards
dus au sacerdoce avec l'énergie des réclama-
tions et la sévérité des enseignements qu'il
lui adressait ; il suscita les plus honorables
sympathies dans l'épiscopat comme dans le
clergé du second ordre ; il éclaircit une foule
de questions relatives à l'art du moyen âge
et à l'application de cet art à l'époque actuelle. Mais parmi ces questions, celle qu'il
mit le mieux en lumière fut la question
même de l'impossibilité du rétablissement
de la tonalité ecclésiastique. Chose singulière ! ce journal fut fondé dans la pensée de
ce rétablissement, et la seule chose qu'il
constata d'une manière claire et péremptoire
fut que ce rétablissement n'était qu'une belle
illusion ! Nous l'avons déjà donné à entendre :
la pire des choses, dans tous les ordres d'i-
dées et de faits, n'est pas qu'une institution
ait disparu, mais bien de se persuader
qu'elle peut être rajeunie lorsqu'elle est dé-
crépite ; qu'elle vit lorsqu'elle est morte ;
sans compter que cette idée fausse en provoque également une autre non moins
fausse en sens contraire, à savoir qu'une
institution, alors qu'elle n'est plus en har-

monie avec un état actuel donné, ne laisse
aucun germe dans le fonds social qui compose la vie des peuples ; que conséquemment
les institutions destinées à succéder aux
premières peuvent n'avoir avec celles-ci
aucun lien d'origine et s'implanter sans
transition, après avoir fait table rase. Mais
ces généralités nous mèneraient trop loin.
Il nous suffit pour le moment de bien préciser ce point-ci, que le journal de M. Danjou,
malgré sa brève apparition, aurait certainement amené pour résultat la restauration du
plain-chant, si cette restauration eût été
possible.

Trojaque nunc stares, Priamique arx alta maneres !

XXIII.

Envisageons donc courageusement le mal
dans toute son étendue ; considérons-en,
de sang-froid, sans timidité comme sans
amertume, les causes, causes générales,
profondes, invétérées, mais en même temps
immédiates et palpables. Nous disons sans
amertume, car nous n'avons à faire ici le
procès à personne : là où tous sont complices,
là où il y a lieu d'accuser tout le monde,
chacun est justifié individuellement. Ce qu'il
faut accuser, ou plutôt constater, c'est l'existence d'un grand fait, d'un fait aujourd'hui
universel, qui absorbe et annule toutes les
causes secondaires. Ce fait, fait que nous
subissons tous, clergé, fidèles, maîtres de
chapelle, chantres, organistes, c'est celui de
la domination exclusive de la tonalité mo-

dorne, qui, comme l'atmosphère, nous en
serre et nous enveloppe de toutes parts.

· Effectivement, la tonalité moderne s'est
tellement emparée de notre organisation,
elle s'est tellement imposée à nos organes
en les modifiant dans le sens des éléments
qu'elle comporte, qu'elle nous a en quelque
sorte rendus sourds à l'égard de la tonalité
ecclésiastique, comme à l'égard des autres
tonalités, lesquelles peuvent être considérées,
par rapport à la tonalité régnante actuellement dans l'Europe entière, comme autant
d'idiomes étrangers ou éteints en présence
d'une langue vivante et de plus en plus envahissante.

XXIV.

Mais pourquoi et comment la tonalité actuelle a-t-elle été substituée à l'ancienne, à
celle du plain-chant?

Nous l'avons fait pressentir plus haut : par
des causes à la fois indépendantes de la
volonté des hommes et supérieures à cette
volonté. Autant vaudrait demander comment
et pourquoi la langue que parle un peuple
conquérant se substitue, en l'absorbant
toutefois jusqu'à un certain degré, à la langue du peuple conquis.

Ou mieux, comment et pourquoi deux
idiomes, se modifiant profondément l'un par
l'autre et se pénétrant pour ainsi dire l'un l'autre, parviennent à former une seule langue.

C'est encore comme si l'on demandait
pourquoi et comment, depuis le xvie siècle,

le génie catholique s'est retiré peu à peu en présence du génie séculier.

Ou bien, pourquoi et comment l'élément humain, individuel, a remplacé l'élément traditionnel et collectif depuis la même époque. ↲

La question musicale, la question de la formation de la tonalité moderne, comme celle de l'abandon de l'ancienne, rentre donc dans les questions ci-dessus énoncées ; c'est-à-dire qu'elle implique non-seulement une révolution radicale dans l'art, mais encore un certain état des esprits, une certaine tendance sociale à une époque donnée, sans lesquels cette révolution musicale ne saurait s'expliquer.

Ainsi, sans cesser d'être une et distincte en elle-même, cette question se rattache à la grande unité des causes supérieures.

Où chercher les conditions du problème, si ce n'est dans l'histoire? C'est ce que nous allons faire en montrant, par l'étude des faits et par des témoignages irrécusables, que le retour à l'ancienne tonalité est non-seulement un rêve, mais encore que toute tentative, faite dans le but de la conservation du chant grégorien proprement dit, est et doit être radicalement frappée d'impuissance.

XXV.

Il y a dans les écrits de M. de Maistre une phrase devenue célèbre :

« Il me semble que tout vrai philosophe doit opter entre ces deux hypothèses : ou qu'il va se former une nouvelle religion, ou que le christianisme sera rajeuni de quelque manière extraordinaire ; c'est entre ces deux suppositions qu'il faut choisir, suivant le parti qu'on a pris sur la vérité du christianisme (1). »

A notre tour nous dirons :

Tout musicien qui réfléchit doit opter entre ces deux hypothèses : ou qu'il va se former une nouvelle musique religieuse autre que le chant grégorien, ou que la musique religieuse (toujours le chant grégorien) sera rajeunie de quelque manière extraordinaire : c'est entre ces deux suppositions qu'il faut choisir, suivant le parti qu'on a pris sur l'existence de la tonalité ecclésiastique.

Remarquez bien le point en quoi notre proposition diffère de celle de l'illustre auteur des *Considérations sur la France*. M. de Maistre pense que le christianisme subsiste et subsistera toujours, et il conclut à un simple *rajeunissement*, c'est-à-dire à une nouvelle phase chrétienne plus brillante et plus complète que celles dont l'histoire fait mention.

Pour nous, — qu'on nous pardonne de mettre ainsi notre personnalité à côté d'un aussi grand nom, — pour nous, qui ne croyons plus, sinon à l'existence, du moins à la vie de la tonalité ecclésiastique, nous concluons à une nouvelle forme de la musique religieuse.

(1) *Consid. sur la France*, chap. 5, p. 85, édition de 1821 ; in-8°.

Qu'on ne se récrie pas. Dieu sait ce que nous donnerions pour être dans l'erreur! Mais l'erreur véritable est de s'imaginer que la tonalité du plain-chant vit toujours, qu'elle subsiste dans le présent et qu'elle subsistera dans l'avenir comme elle a subsisté dans le passé. Voilà l'erreur; et si nous la combattons, on peut croire que c'est à contre-cœur, comme un homme qui l'a partagée longtemps, et qui va jusqu'à l'aimer dans ses adversaires, dans ceux qui se figurent pouvoir ressusciter cette tonalité, y façonner de nouveau nos organes, et y plier les habitudes de notre oreille. Mais il faut prouver, l'histoire en main, que cette tonalité est bien réellement, ou, si l'on veut, bien malheureusement disparue, ainsi qu'une langue éteinte, et combien vaines et stériles (du moins quant au but qu'on se propose) sont toutes ces tentatives de résurrection par lesquelles d'excellents esprits, et, nous ajouterons, des cœurs fervents, se laissent abuser.

XXVI.

Ouvrons celui de nos historiens de la musique qui a incontestablement remué le plus d'idées et de faits; nous l'avons déjà beaucoup cité. On ne se plaindra pas de la longueur des passages que nous aurons encore à lui emprunter, car nul mieux que lui n'a fait ressortir par une lumineuse et curieuse analyse toutes les faces de la question, et nous ne savons pas de moyen plus propre à rendre inattaquable notre proposi-

tion, formulée sur celle de **M. de Maistre,**
que de lui donner le commentaire qu'on va
lire.

« Il me reste à parler, dit **M. Fétis,** d'une
audacieuse innovation qui opéra tout à coup,
vers la même époque (la fin du xvie siècle),
une transformation complète de la tonalité,
je veux dire de l'art tout entier. Les règles de
l'harmonie, depuis le xive siècle jusqu'à la
fin du xvie, avaient proscrit toute relation de
mi contre *fa,* c'est-à-dire de la note supérieure du premier demi-ton avec l'inférieure
du second (*fa si*); car, selon la méthode de
solmisation par les tétracordes (1), on appelait toujours *mi fa* les deux notes qui
étaient naturellement à la distance d'un
demi-ton l'une de l'autre. Ainsi la note que
nous nommons *si* ne pouvait jamais se rencontrer avec celle que nous nommons *fa,*
soit par une succession de deux tierces ma-
jeures, soit par un repos de la tierce majeure
sol si, sur la quinte *fa ut,* soit enfin par
l'harmonisation de *fa* avec *si* qu'on appelait
mi. Or, le résultat de la prohibition des
rapports de la note supérieure du premier
demi-ton (*fa*) avec la note inférieure du second (*si*), était qu'il ne pouvait y avoir de

(1) Comme il est très-important que cette citation
soit comprise de prime-abord, disons tout simplement
que, dans la tonalité du plain-chant, le rapport du
quatrième degré de la gamme avec le septième était
non-seulement proscrit et réprouvé par l'oreille,
mais qu'il constituait un fait destructif de la tonalité
même.

note sensible réelle dans la musique, conséquemment que la tonalité de la musique actuelle ne pouvait exister. Car remarquez qu'il n'y a de note sensible que parce qu'il y a répulsion harmonique entre la quatrième note et la septième; répulsion qui conduit l'une à descendre, l'autre à monter, en sorte que la note sensible n'aurait pu naître de la seule mélodie (1). »

Nous interrompons cette citation pour faire observer que M. Fétis ne parle ici que du système de l'harmonie. Mais ce n'était pas seulement à partir du xiv° siècle que le rapport de *fa* et de *si*, c'est-à-dire que la dissonance, que le *triton* était condamné; il l'était longtemps auparavant par tous les musiciens qui n'avaient en vue que l'enseignement théorique et pratique du chant. M. Fétis va nous dire que *les siècles* l'avaient *proscrit*. Guido, parlant du *bémol* (le *si*), s'exprime ainsi : *Et ideo additum est, quia cum quarta a se♮ tritono differente, nequibat habere concordiam* (2); et Fr. Gafori, qui vécut beaucoup plus tard, mais qui parle des temps antérieurs, dit que le tétracorde *synemménôn* fut ajouté *ad demulcendam tritonis duritiem, cujus dissonum, asperumque modulamen ars abjicit, et perhorrescit natura* (3). Ainsi, le rapport de *fa* à *si*, autrement dit la dissonance naturelle, le *triton*, en un mot,

____

(1) *Résumé philosophique de l'hist. de la musique,* p. ccxx-ccxxiii.
(2) *Microl.,* cap. 5.
(3) Lib. v *Theor.,* cap. 1 et 5.

n'était pas seulement une chose proscrite de
tout temps, c'était une chose que l'art repoussait, qui faisait *horreur à la nature (perhorrescit natura)*, qui faisait violence à l'organisation humaine ; et comme l'organisation
humaine était déterminée à cette répulsion
par l'influence seule de la tonalité suivant
les conditions de laquelle elle s'était modifiée, il s'ensuivait que le *triton* était le renversement et l'anéantissement de la tonalité
elle-même. C'était là le monstre, l'épouvan-
tail, contre lequel la doctrine avait lancé
l'anathème, contre lequel l'oreille protes--
tait ; c'était enfin, ainsi qu'on l'avait nommé,
le diable dans la musique, diabolus in musica :
l'abomination de la désolation.

Or, qu'advint-il ? Ici nous prévenons
M Fétis, qui ne nous contredira pas, il advint
que ce *diabolus in musica*, que cette chose
qui, nous le répétons à dessein, faisait horreur à la nature, faisait violence à l'organisation, et que l'art rejetait hors de sa sphère ;
il advint que cet élément subversif, destructif de la tonalité ancienne, fut la base, le
fondement, la clef de voûte de la tonalité
moderne, l'élément par lequel l'oreille est
inévitablement sollicitée, vers lequel elle
est entraînée invinciblement, et en vertu
duquel se développe ce que nous appellerons son *accoutumance* pour les diverses
propriétés du système tout entier. D'où il
suit que, l'absence de l'élément du triton
étant la condition nécessaire et essentielle
de la tonalité ancienne, et la présence de ce
même triton étant la condition nécessaire

et essentielle de la tonalité moderne, il y a entre ces deux tonalités incompatibilité radicale, et que si, pour juger de l'une comme de l'autre, on invoque le sentiment de l'oreille, le moyen le plus sûr de ne pas se tromper est de conclure plutôt en sens inverse de ce même sentiment, c'est-à-dire qu'au lieu de se prononcer sur des convenances ou des perceptions sympathiques, on doit décider d'après des répulsions. L'absurde ! voilà donc le dernier critérium.

XXVII.

Mais ce n'est pas assez de montrer qu'il ne peut y avoir compatibilité entre les deux tonalités; il faut montrer encore qu'il ne peut y avoir entre elles cet accord passif qui consiste à vivre chacun de son côté, à coexister ensemble. Si la tonalité actuelle, ainsi que le dit **M. Fétis**, *ne pouvait exister* avec l'ancienne, comment concevrait-on que celle-ci pût exister avec la moderne, de sa nature bien plus envahissante ? avec la tonalité conquérante, victorieuse, celle dont toutes les oreilles sont complices ? celle qui a pour elle, nous ne dirons pas la vogue et la mode, car ce dont il s'agit est bien plus profond que la mode et la vogue, mais la vie, le mouvement, le progrès, et finalement le *monde*, qui lui a donné son épithète la plus caractéristique ? Cette seule considération suffit.

Cela posé, cédons la parole à **M. Fétis** :

« Eh bien! ce que la doctrine avait

condamné, ce que les siècles (les siècles !)
avaient proscrit, un homme osa le faire un
jour. Guidé par son instinct, il eut plus de
confiance dans ce qu'il lui conseillait que
dans les règles, et malgré les cris d'épou-
vante de tout un peuple de musiciens, il
osa mettre en rapport la quatrième note de
la gamme, la cinquième et la septième (le
triton). Par ce seul fait, il créa les dissonances naturelles de l'harmonie, une tonalité nouvelle, le genre de musique qu'on
appelle *chromatique*, et conséquemment la
modulation. Que de choses produites par une
seule agrégation harmonique ! L'auteur de
cette merveilleuse découverte est... Monteverde..... Lui-même s'attribue l'invention
du genre modulé, animé, expressif dans la
préface de l'un de ses ouvrages. C'est qu'en
effet l'accent passionné n'existe et ne peut
exister que dans la note sensible, et que
celle-ci ne peut naître que de son rapport
avec le quatrième et le cinquième degré de
la gamme ; c'est que toute note mise en rapport harmonique de quarte majeure avec
une autre détermine la sensation d'un ton
nouveau, sans qu'il soit nécessaire de faire
entendre une tonique ou de faire un acte
de cadence, et que par cette faculté de la
quarte majeure de créer immédiatement une
note sensible, la modulation, c'est-à-dire la
succession nécessaire des tons différents,
devient facile. Admirable coïncidence de
deux idées fécondes ! Le drame musical
prend naissance ; mais le drame vit d'émotions, et la tonalité du plain-chant, grave,
sévère et calme, ne saurait lui fournir d'ac-

cents passionnés, car l'harmonie de cette
tonalité ne renferme pas les éléments de la
transition. Alors le besoin inspire le génie,
et tout ce qui peut donner la vie à la musique du drame est créé d'un seul csup.
Grandes et rapides furent les conséquences
de cette belle découverte, car, dans la première moitié du xviie siècle, l'expression
dramatique de la musique était déjà parvenue à des effets d'une puissance remarquable (1)..... »

(1) *Résumé cité.* [Voir aussi la deuxième *Lettre* de
M. Fétis, aderssée à M. Halévy (*Gazette musicale*, du 29
décembre 1850), dans laquelle on lit les passages
suivants : « Je suis arrivé... au moment où les artistes, ayant épuisé les ressources de la musique
diatonique, étaient en quelque sorte acculés dans une
impasse. *Alors un de ces hasards providentiels qui ne
manquent presque jamais aux nécessités se fit en faveur
de l'art et le transforma par un miracle...* Vous savez
comment Monteverde... osa, dans les dernières années du xvie siècle, introduire dans la musique, par
la seule autorité de son instinct, les harmonies dis-
sonantes sans préparation. Par cette prodigieuse invention, il changea tout à coup la tonalité et créa
celle de notre musique; car il ne peut y avoir, par
exemple, d'accord de septième de la dominante que
là où les deux notes de demi-ton sont mises en rapport, de manière que la septième note monte à la
tonique, et que la quatrième descende à la troisième.
Les conditions étant égales pour tous les tons, il en
résulte nécessairement que toutes les gammes doivent être faites sur le même modèle, etc., etc. » Et
plus loin : « Il est démontré que la découverte des
accords dissonants naturels par Monteverde a changé
à la fois le principe de la musique et la tonalité; que
ce changement de principe a été la substitution de

N'est-il pas évident qu'un nouvel ordre d'idées, un élément social nouveau, un nouvel esprit s'introduisait dans la musique par le seul fait de la création de la tonalité, et que la dissonance, la modulation, la transition, la *note sensible*, l'*accent passionné* (remarquez ces mots), n'étaient que l'enveloppe matérielle, le moyen, l'expression extérieure, grâce auxquels le principe nouveau, savoir le *moi humain*, qui avait déjà pénétré, pour ainsi dire, les couches supérieures de la pensée, se faisait une issue dans l'art musical ? Car, de même que l'ancienne tonalité, par le fait de sa constitution, comportait le sentiment du repos (1), c'est-à-dire faisait naître l'idée de permanence, d'immutabilité, d'infini, qui convient à l'expression des choses divines; de même aussi le trouble, l'agitation, l'expression fébrile et tumultueuse des passions, qui sont de l'essence des choses terrestres, sont inhérents à la tonalité moderne, et cela en

l'échelle chromatique, source unique de l'identité des formes de toutes les gammes de chaque mode, à la gamme diatonique, qui ne peut engendrer que les gammes multiformes de la tonalité du plain-chant. » — Voyez encore le n° du 7 juillet de la même année 1850.

(1) « On comprend qu'un système de tonalité qui repoussait l'attraction des deux demi-tons de la gamme ne pouvait avoir pour base de l'harmonie que des accords consonnants; car, en l'absence d'attraction de ces notes de la gamme, il n'y a que repos dans la musique. » — Fétis, *Gazette musicale* du 7 juillet 1850.

vertu de sa constitution qui repose sur la *dissonance* et la *transition.*

XXVIII.

Mais laissons conclure M. Fétis.

« Monteverde, qui avait fort bien aperçu les résultats de son heureuse témérité, sous le rapport de l'expression dramatique, n'en vit pas les conséquences à l'égard de la tonalité. Attaqué avec violence par quelques zélés partisans de l'ancienne doctrine, particulièrement par Artusi, il ne comprit pas plus que ses adversaires qu'il venait d'*anéantir* l'existence des tons du chant ecclésiastique dans la musique mondaine. On peut se convaincre, par la lecture de quelques-unes des préfaces de ses ouvrages, qu'il n'avait pas porté ses vues sur cet important objet. Il n'est pas moins certain, cependant, qu'après que l'harmonie des dissonances de septième, de neuvième, et celles qui en dérivent, se fût introduite dans la musique de chambre et de théâtre, il n'y eut plus de premier, de second, de troisième ton, d'authentique ni de plagal dans la musique : il y eut un mode majeur et un mineur ; en un mot, *la tonalité ancienne disparut* et la moderne fut créée (1). »

La première observation qui se présente

(1) *Résumé philosophique de l'hist. de la musique,* loc. cit.

après la lecture de ce passage remarquable,
c'est que les révolutions qui s'opèrent dans
les arts, comme celles qui s'opèrent dans les
empires, se font malgré ceux qui les font.
Rarement l'action de l'homme est en harmonie avec sa volonté. L'homme n'a l'idée
que d'un progrès, d'une amélioration, d'une
réforme ; mais un instinct dont il n'a pas
conscience le pousse à une révolution. Cette
révolution est bien le fait de tels ou tels
hommes en particulier, puisqu'ils en ont été
les instruments ; mais, moralement, elle est
l'œuvre de la civilisation entière ; elle est
le produit, la résultante des éléments amon-
celés de longue main dans la société, éléments divers, les uns sympathiques, les
autres hétérogènes aux apparences, qui
finissent pourtant par se combiner, et, comme l'électricité, par faire explosion sur un
seul point. M. Fétis s'écrie : « Admirable
coïncidence de deux idées fécondes ! Le
drame musical prend naissance..... Alors le
besoin inspire le génie, et tout ce qui peut
donner la vie à la musique mondaine est
créé d'un seul coup. » Mais la création du
drame musical et celle de la tonalité mondaine ne sont que deux faits, deux conséquences, deux accidents bien minimes dans
cette transformation plus complète, plus
générale, qui déjà avait envahi les profondeurs comme les points culminants de l'ordre social, et qui, de proche en proche, devait s'étendre à toutes les conceptions. Il
n'y avait pas deux idées fécondes se ren-
contrant fortuitement. Il n'y en avait qu'une
seule, et ces révolutions partielles dont

l'histoire du drame musical et celle de la
tonalité offrent le tableau, si radicales qu'elles fussent, n'étaient autre chose que le
contre-coup de ce que le principe d'émancipation intellectuelle, l'expansion de l'individualité humaine, la théorie du libre
examen, proclamés par la science du
xvi⁰ siècle et la réforme, avaient produit
dans les zônes supérieures de la pensée. *Le
besoin inspire le génie !* voilà le vrai mot.
Bonne ou mauvaise, une fois déterminée la
tendance d'une époque, tout se développe
harmoniquement dans le même sens, car la
première loi de l'esprit humain, c'est l'unité.

XXIX.

Voilà donc la révolution consommée !
Voilà, par le fait de la création de l'harmonie dissonante naturelle, voilà *anéantie* la tonalité ecclésiastique, et *anéantie* dès
le xvi⁰ siècle ! **M.** Fétis nous l'a dit. La voilà
disparue sans retour en présence d'une tonalité nouvelle, incompatible avec la première ! Celle-ci s'établit, se propage, gagne
du terrain, et force sa rivale vaincue à se
réfugier dans les temples, où elle ne tarde
pas à venir lui disputer ce dernier asile.
Cette tonalité ecclésiastique, qui jadis prê-
tait ses formes à la musique mondaine,
revêt peu à peu les formes moins austères
de la tonalité nouvelle. Ce n'est qu'à la condition de se déguiser ainsi qu'il lui est permis de vivre. En d'autres termes, la musique religieuse, qui absorbait autrefois la
musique profane, est à son tour absorbée

par elle. Et cela n'est pas le produit d'une lente élaboration ; **M. Fétis** nous l'a dit encore : « Grandes et rapides furent les conséquences de cette belle découverte ; car, dès la première moitié du xvii siècle, l'expression dramatique de la musique était déjà parvenue à des effets d'une puissance remarquable. »

Mais il faut voir les conséquences que ce fait entraîna dès le principe dans la pratique du chant grégorien. Il faut aussi se donner le spectacle curieux que présente toute révolution, le spectacle de cette classe d'hommes qui, surpris par un événement qu'ils n'avaient pu prévoir, bien qu'ils aient contribué à l'amener eux-mêmes, se cramponnent épouvantés aux débris du passé ; puis, se sentant, malgré qu'ils en aient, dominés par une force irrésistible, envahis par les idées nouvelles, sont conduits, sans en avoir conscience, à rêver je ne sais quel amalgame de principes contradictoires, d'éléments qui s'excluent, et à se contenter enfin d'une sorte de compromis tel quel entre le passé et le présent, voire le futur ; car il y a un peu de tout cela dans les faits que nous nous proposons d'exposer.

XXX.

Parlons maintenant des *corrections* des Graduels et des Antiphonaires, qui se sont si souvent renouvelées depuis le xvii siècle jusqu'à nos jours, et grâce auxquelles, presque partout en France, notre plain-chant a été si complétement défiguré et mutilé, qu'il arrive fort souvent qu'une personne habituée aux chants d'église de tel diocèse ne les reconnaît plus si elle vient à passer dans un diocèse voisin. Cette divergence liturgique existait dès longtemps avant Lebœuf ; lui-même le constate au moment où il écrivait (1), et l'on peut penser que depuis lors le mal n'a pas été en s'affaiblissant (2).

Le désir d'innover, la manie de se distinguer, de se singulariser même, qui, pour le dire en passant, furent toujours un caractère de l'esprit gallican, ont été pour beaucoup sans doute dans cette guerre déclarée avec tant d'acharnement, dans les deux derniers siècles, contre les graduels et les antiphonaires romains. Mais cette guerre avait une autre cause, plus profonde, plus persistante, c'était la lutte que la tonalité moderne, déjà établie et tendant de plus en plus à la domination, livrait à la tonalité ancienne ; et cela, remarquez-le bien, dans l'esprit même des réformateurs, dans leur organisation, dans leur oreille, dont cette tonalité moderne s'était emparée. L'on

____

(1) *Traité histor. sur le chant ecclés.*, in-12, 1741, chap. 6, p. 95.

(2) Témoin le P. Lambillotte qui a dit tout récemment : « Et voyez quelle déplorable diversité dans le chant ecclésiastique ! à peine si l'on pourrait trouver, je ne dis pas deux royaumes, mais deux diocèses, où les hymnes sacrées se chantent avec une parfaite conformité. » — *De l'unité dans les chants liturgiques*, in-fol., 1851.

peut dire que les perceptions qu'ils rece-
vaient à l'église des chants de l office étaient
à l'instant même, et à leur insu, transfor-
mées, rectifiées, corrigées par leur oreille
d'après un type différent; et ce type, qu'é-
tait-il autre chose que la musique mondaine avec ses propriétés de dissonance,
de modulation, de transition, de mouvement,
d'expression colorée, sensible et passion-
née? Nous avons sur ce point l'aveu de
Lebeuf, et nous devons prêter une attention d'autant plus grande à ses paroles qu'il
se rend moins compte lui-même de leur
portée :

« ... Ce serait une injustice, dit-il, de ne
pas reconnaître que le *goût supérieur de
la musique d'aujourd'hui* a fait naître *dans
l'esprit de ceux qui enfantent* du plain-chant,
de *certains* progrès de voix , et de *certaines*
mélodies qui ont leur *douceur particulière;*
qu'il y a des *tours gracieux qui ne peuvent
être suggérés que par des organes qui ont été
souvent rebattus de sons agréables et affectueux;* et on ne peut douter que les personnes *dont l'idée est pleine de belles pensées
de chant,* pour me servir de ce terme, et
de *morceaux de mélodie douce et aisée,* ne
soient plus en état de juger, *de quel côté ce
gracieux et ce naturel* se rencontrent dans
la composition, *que non pas ceux qui ne
chantent ordinairement que du commun et
trivial* (1). »

Quelques pages plus loin, le même au-

(1) Lebeuf, *loc. sup. cit.*, p. 102.

teur parle des « *avantages qui sont revenus au chant grégorien par le canal des compositeurs accoutumés au beau chant, et par le moyen des voix excellentes* qui ont paru dans les derniers temps, et qui exécutent avec grâce ce qu'il y a de doux et de mélodieux dans l'arrangement des sons (1). »

A coup sûr, Lebeuf, non plus que les théoriciens ecclésiastiques ou autres de son époque, n'avait ni ne pouvait avoir l'idée de ce que nous appelons aujourd'hui *tonalité*, de cette notion féconde, qu'entre les mains de **M.** Fétis surtout, la science et la philosophie ont dégagée des mystères de l'art, de l'analyse des éléments des divers systèmes comparés, ainsi que des obscurités de l'histoire. Ce n'est pas que ces théoriciens ne fissent la distinction de la *musique* et du plain-chant, des chantres et des musiciens. Et quant à Lebeuf, il avait publié, en 1729 un *mémoire* qui ne manquait pas de piquant sur l'autorité (prétendue) des musiciens en matière de chant ecclésiastique. Mais, observons-le bien, faute d'une connaissance suffisante de ce grand principe de la tonalité, cette distinction entre la musique et le plain-chant ne tendait à rien moins qu'à séparer le plain-chant de la musique, les chantres des musiciens, comme si les premiers n'étaient pas dignes d'être appelés des musiciens, comme si le plain-chant était en dehors et au-dessous du domaine de la musique. Que s'ensuivait-il ? Il s'en-

_____

(1) Lebeuf, *loc. sup. cit.*, p. 106.

suivait que la musique seule était un art,
et que le plain-chant n'était autre chose
qu'une sorte de routine, consacrée par un
certain usage, ayant une certaine destination, et qui pouvait indifféremment se plier
à telles ou telles règles, suivant que cet
usage et cette destination les avaient sanc-
tionnées. Mais quant à tirer de cette distinction de la musique et du plain-chant la
moindre conséquence relativement à la
constitution de l'une et de l'autre, à l'ordre
d'idées et d'expression qui devait découler
de chacune en particulier, à la manière
dont l'organisation humaine pouvait en être
affectée, aux modifications qui devaient en
résulter dans nos facultés de perception et
de sensibilité, c'est à quoi Lebeuf ni les
autres théoriciens n'avaient nullement songé.

Nous aurions bien des expressions curieu-
ses à relever dans les deux citations que
nous a fournies l'abbé Lebeuf. Tenons-nous-
en à ce *goût supérieur de la musique d'aujourd'hui, qui fait naître dans l'esprit de ceux
qui enfantent du plain-chant de certains progrès de voix, de certaines mélodies*, etc., etc.
Ce goût supérieur, n'est-ce pas cette puissance invincible d'une tonalité triomphante,
supérieure à sa rivale, qui s'est emparée définitivement de notre oreille, qui l'a domptée,
qui lui dicte ses lois? Et cette expression :
ceux qui enfantent du plain-chant ! Que peut
être en effet désormais la composition du
plain-chant, si ce n'est un *enfantement* laborieux, un travail fait à froid, sans inspiration, entrepris obstinément en dépit de soi-

même, de sa propre organisation, des exigences de l'ouïe, et poursuivi par esprit de système, tel en définitive qu'ont été toutes ces *corrections* de bréviaires et de livres de chant, lesquelles participaient avant tout de la petitesse et de la taquinerie des rivalités locales, des amours-propres de clocher?

Mais revenons à Lebeuf, et concluons avec M. Danjou que « Lebeuf était vaincu par la musique et lui rendait les armes ; qu'il avait subi l'influence de la mélodie et de l'harmonie modernes, et qu'il porta dans son travail (son Antiphonaire), des marques certaines de cette influence. La mâle énergie, la gravité majestueuse du plain-chant, ne valaient pas pour lui *les tours gracieux, les sons agréables et affectueux* de la tonalité nouvelle. Tout le clergé de notre temps, ajoute M. Danjou, partage cette *erreur* (1). »

Il nous semble qu'il y a ici plus qu'une *erreur ;* il y a un fait, une nécessité que M. Danjou a reconnus et signalés avec sa sagacité ordinaire, quand il a établi, une page plus haut, qu'à l'époque de Lebeuf « le clergé n'apprenait plus la théorie du plain-chant, comme les enfants dans les colléges n'entendaient que de la musique suivant la mode du temps (2). » Seulement M. Danjou aurait dû nous dire ce qui empêchait les évêques et les directeurs des sémi-

____

(1) *Revue de la musique religieuse*, mai 1846, p. 150.
(2) *Revue de la musique religieuse*, ibid., p. 149.

naires, maîtres de l'enseignement ecclésiastique, de maintenir dans leurs maisons une
classe de plain-chant, et ce qui faisait que les
enfants n'entendaient plus de musique que
suivant la mode du temps. Il faut le reconnaître : saint Paul a dit que la foi vient de
l'ouïe : *fides ex auditu.* La tonalité, qui est
aussi, en un sens, une *foi* pour nous, comme
la langue, comme toutes les choses que
nous acceptons d'instinct et sans raisonner,
la tonalité nous vient de l'ouïe, *ex auditu.*

XXXI.

Ce que Lebœuf nous a appris sur cette
*suggestion des organes rebattus des sons
agréables et affectueux* de la musique de son
temps ; sur ces *personnes dont l'idée est pleine
de belles pensées de chant et de morceaux de
mélodie douce et aisée,* en comparaison de
*ceux qui ne chantent ordinairement que du
commun et du trivial* (du plain-chant sans
doute) ; tout cela n'était pas le premier symp-
tôme de cette révolution qui avait changé
non-seulement toute l'économie de l'art,
mais encore qui devait agir si profondément
sur les conditions physiologiques de l'organisation musicale de l'homme. Déjà, en 1553,
un organiste de Metz, nommé Claude Sébastien, avait célébré en style burlesque la que-
relle entre deux royautés désormais enne-
mies, la royauté de la *musique plane,* et celle
de la *musique mesurée,* ainsi que le triomphe de
celle-ci, bien que cette grande guerre se termine, dans le livre, par une entente cor-

diale (1). Cette plaisanterie avait bien son
côté sérieux; mais ce qui fut sérieux de
tout point, et ce qui mérite de fixer l'attention, ce fut la transformation que le chant
d'église subit par le fait d'un homme qui,
pour maintenir intact l'usage du chant grégorien, ou ce qu'il pensait être tel, dans la
chapelle royale de Versailles, d'où l'on voulait l'exclure pour le remplacer par la musique, ne craignit pas de se mesurer de toute
sa hauteur d'artiste et de chrétien avec ce
personnage, « qui faisait voyager de Gênes
à Versailles le chef d'une puissante répu-
blique, et l'obligeait de venir s'agenouiller
devant lui. » Ce personnage s'appelait Louis
XIV. Cet homme qui osa tenir tête au monarque s'appelait Henri Dumont, l'auteur
de cette messe célèbre dite *Messe royale*, qui
contient ce *Credo* fameux devenu si populaire, connu sous le nom de *Credo* de Dumont. Nous sommes loin de méconnaître la
beauté mélodique, l'ampleur, le tour naturel
et noble de cette composition; mais nous
dirons que, par l'emploi fréquent de la note
sensible, par la modulation qui revient sur
les principales périodes, par la cadence qui
termine cette modulation, ce *Credo* appartient à la tonalité moderne. Et, bien qu'un
ingénieux critique, mais chez qui l'enthou-

(1) *Bellum musicale inter plani et mensurabilis
cantus reges, de principatu musicæ provinciæ obti-
nendo contendente;* Argentorati, 1553, in-4° ; autres
édi ions de 1563 et 1568, in-4°. — Lire l'article sur
Cl. Sébastien, dans FÉTIS, *Biographie univ. des
music.*

siasme n'est pas toujours tempéré par la
réflexion, 'ait imprimé un beau matin que
le *Credo* de Dumont était une des plus belles inspirations du XIIIᵉ siècle, nous ajouterons que ce *Credo* n'est pas dans le *premier mode* du plain-chant, mais dans le ton du
ré mineur, et, nous en appelons sur ce point
à tout homme compétent, à **M. S. Morelot**,
par exemple, un des plus habiles et des plus
judicieux défenseurs de la cause du chant
grégorien, qui s'exprime ainsi au sujet de la
Messe royale.

 « L'influence de la tonalité moderne qui
s'y fait sentir, *sans doute à l'insu de l'auteur,*
nous paraît être pour *quelque chose* dans l'admiration dont elle est l'objet. *Dumont n'a pu
secouer entièrement le joug de ses habitudes
de musicien, en sorte que son inspiration s'est
trouvée jetée comme par force dans un moule
qu'il n'avait pas choisi.* Il en est résulté que
le public, habitué à la tonalité moderne,
mais pénétré encore d'une sorte de respect
traditionnel pour la majestueuse gravité du
chant d'église, a reporté avec empressement
son admiration sur une œuvre qui conciliait
assez bien ses goûts nouveaux et ses habitudes anciennes. » Ajoutons à cela que le
public a été trompé; et par qui? — Eh! mon
Dieu! par cet auteur qui se trompait lui-
même, qui pensait faire du plain-chant, tandis qu'il ne faisait autre chose que de la musique, et qui faisait graver sa messe en caractères carrés et sur quatre lignes comme
les livres du lutrin. Cela suffisait pour faire
illusion à tout le monde, à lui tout le pre-

mier. Le spirituel auteur du *Voyage autour de ma chambre* parle de certains individus qui, pour se voir une épée au côté et sur le dos un uniforme brodé, *croient fermement être des généraux;* et l'armée, qui le *croit* aussi, leur donne ce titre *sans rire, jusqu'à ce que la présence de l'ennemi les détrompe* tous. L'armée, c'est le public; le général, c'est Dumont.

A propos des autres messes de Dumont, le même critique dit encore : « Ce mélange des tonalités différentes est bien plus sensible encore dans les autres messes écrites par Dumont. Les formes mélodiques empruntées à la musique moderne, les altérations arbitraires de la tonalité par les dièses et les bémols, les cadences étrangères au mode, toutes les licences enfin qui sont la conséquence d'un pareil système, y apparaissent bien plus fréquemment et y sont aussi moins rachetées par l'élévation de la pensée. » Et voilà l'homme, voilà le maître de chapelle qui osa opposer sa volonté à celle de Louis XIV, qui osa citer au roi le décret du concile de Trente qui proscrit la musique profane des temples, qui força le monarque à consulter M. de Harlay, et qui, sur la décision peu scrupuleuse du prélat courtisan, prit la détermination de demander sa retraite; ce qu'il fit un peu plus tard.

XXXII.

Que Dumont ait su ce qu'il faisait en introduisant la tonalité moderne dans l'office ecclésiastique, c'est ce qu'il est superflu d'examiner. Comment l'aurait-il su, puisque Lebeuf, qui vint longtemps après lui, n'eut jamais l'idée de la tonalité, à plus forte raison celle d'un changement de tonalité? Dumont était dominé par certains faits de la science moderne qu'il avait admis, sans soupçonner que ces mêmes faits avaient amené dans l'art un bouleversement complet. Ce n'est qu'à distance qu'on peut se rendre compte de la portée et des effets d'une pareille révolution, et, comme le dit M. Morelot, « l'un des premiers résultats du réveil de l'esprit religieux dans l'art a été de nous ouvrir les yeux sur l'immense désastre qu'elle a causé (1). »

Eh bien! M. Fétis n'avait-il pas raison de nous dire tout à l'heure que *grandes et rapides avaient été les conséquences* de la *belle découverte* de l'harmonie dissonante? Mais, malheureusement, nous n'en avons pas fini sur ce sujet: il faut montrer que *ce mélange de tonalités différentes*, c'est l'expression de M. Morelot, si tant est qu'il ait jamais existé, ne pouvait avoir qu'un temps; que le plainchant devait s'effacer de plus en plus devant les empiétements incessants de l'art musical, et qu'à partir de Dumont jusqu'à nos jours, les plus intrépides partisans d'un système mixte, d'un *juste-milieu tonal*, placés d'un côté entre les exigences de la tonalité, et de l'autre, leur respect pour les traditions gré-

_____

(1) *Revue de la mus. rel.*, janvier 1848, pp. 20, 21, 24, 25.

goriennes et liturgiques, ont été condamnés,
soit à une lutte impossible avec l'une, soit
à l'abandon complet des autres, et qu'alors
même qu'ils ont affirmé le plain-chant en
théorie, ils l'ont nié dans la pratique, et que
tout en proclamant son existence en paroles,
ils l'ont détruit de fait.

XXXIII.

Mais, dira-t-on, on peut donc faire de
belles choses en plain-chant avec un mélange de musique moderne ? Nous allons
nous expliquer tout à l'heure sur ce
mot de *mélange* ; mais, en attendant, nous
répondrons hardiment : Non. En premier
lieu, la messe de Dumont n'est pas du plain-
chant ; c'est de la musique moderne fort
habilement ou plutôt fort heureusement
revêtue de la formule grégorienne. En second lieu, cette messe ne nous paraît si
belle aujourd'hui que parce que la plupart
d'entre nous ont perdu le sens des véritables beautés du plain-chant. Voyez à ce
sujet le jugement qu'en a porté Poisson. En
troisième lieu, si l'on admet que le plain-
chant peut s'allier à la musique, une fois
engagé dans cette voie, l'on ignore où l'on
s'arrêtera, la question d'une limite reconnue
et acceptée par tous devant se reproduire
éternellement. Supposez aujourd'hui une
tentative analogue à celle de Dumont, et,
remarquons-le, tentative faite sciemment ;
eu égard à la différence des temps, que
serait-elle si ce n'est l'invasion du chant
italien le plus *expressif* dans nos temples,

avec je ne sais quel assaisonnement bâtard et monstrueux de psalmodie hétéroclite?

Il y a eu certainement un moment où l'on aurait pu croire, ou, pour parler plus juste, où nous pourrions croire à la coexistence de deux tonalités simultanées; où l'oreille se trouvait à la fois sollicitée par les habitudes traditionnelles des modes ecclésiastiques, et par le charme de certaines formules d'autant plus séduisantes qu'elles étaient plus nouvelles. C'est là le moment de Dumont et de Lulli, qui, lui aussi, composa une messe devenue célèbre et que l'on désigne dans le Midi sous le prénom de ce musicien, *la Baptiste.* Cette messe est loin de l'allure noble et grandiose de celle de Dumont, mais elle se distingue par un certain tour mélodique et gracieux. Nous ne dirons pas qu'elle est du sixième mode, nous dirons qu'elle est en *fa.* On peut la placer, comme la *Messe royale,* « sur les confins des deux époques de l'histoire de l'art (1). » Mais, encore une fois, ces *confins* sont bien déplacés aujourd'hui. Il serait certes aussi curieux qu'instructif de pouvoir suivre pied à pied le flot toujours croissant de la musique profane, depuis le xvie siècle jusqu'au xixe; mais lorsqu'un continent a disparu sous les eaux de la mer, comment pouvoir dire: En telle année le rivage était là? Les monuments subsistent il est vrai :

Apparent... nantes in gurgite vasto.

(1) *Ibid.,* p. 27. — M. S. Morelot.

Mais nous sommes trop submergés pour les apprécier.

Comment nous rendre compte, à l'heure qu'il est, de ce qui n'était que le résultat d'une incertitude du jugement entre deux ordres d'idées opposés, de l'indécision de l'oreille entre deux tonalités incompatibles? Comment juger sainement d'une chose qui ne nous paraît avoir quelque valeur que par son rapport avec l'ancien style ecclésiastique, tandis qu'au moment où elle s'est produite, elle n'était rien moins qu'une audacieuse excursion dans le domaine de la musique moderne? Ce qui est tel pour nous était tout autre pour nos pères. Ils ne pouvaient apprécier ce qui leur était actuel et présent avec la même mesure que nous apportons à l'appréciation des choses passées. Les conditions et les données ne sont plus les mêmes.

Ce qu'il y a de certain, c'est que le *mélange* de deux tonalités dans le même œuvre, préconçu, fait à froid, ne peut être une bonne chose. Ce mélange ne peut être heureux qu'autant qu'il a eu lieu naturellement, comme dans certaines chansons populaires, qui participent à la fois de la musique vulgaire et du chant ecclésiastique, et qu'autant que ces chansons ont été composées par des gens étrangers à toute théorie, à tout système, et qui ne suivaient que leur instinct.

XXXIV.

Tout ce que l'on peut dire, c'est que le style des messes de Dumont et de

Lulli a été, en France, le point de départ de
cette monstruosité qu'on a appelée *plain-
chant musical*, « ces plains-chants, dit J.-J.
Rousseau, accommodés à la moderne, pre-
tin'aillés des ornements de notre musique, »
dont Nivers, et plus tard Lafeillée, ont été
les ardents propagateurs, et qui comptent
encore tant de partisans parmi les ecclésiastiques d'un âge avancé. Quant aux jeunes,
ils se sont prononcés pour la musique italienne et les fredons de l'opéra-comique ;
nous ne leur en faisons pas un reproche :
c'est un cas de force majeure ; mais nous ne
leur en faisons pas non plus notre compli-
ment. Cela prouve seulement qu'une fois
embarqué sur le char des révolutions, on va
vite et on va loin, surtout quand on ne sait
où l'on va. En Italie, ce *plain-chant musical* a obtenu des succès plus scandaleux
encore qu'en France. Il a été appelé *canto
fratto*, par opposition au *canto fermo*. Les
ordres religieux eux-mêmes adoptèrent ce
nouveau chant et le transcrivirent sur les livres séculaires que leurs prédécesseurs
avaient consacrés aux anciens chants de
l'Eglise. Cela ne doit pas surprendre : l'Italie
était alors le foyer principal des mouvements de l'art moderne, et toute innovation
devait frapper vivement la curiosité d'un
peuple naturellement disposé à toutes les
sensualités de l'oreille. Et, quant aux religieux et aux ecclésiastiques, tant italiens
que français, on peut affirmer qu'ils ne comprenaient rien aux conséquences d'une révolution tonale dans l'art, pas plus que
Monteverde, pas plus que Dumont et Lulli,

et l'on peut ajouter, pas plus que la plupart des ecclésiastiques et même des musiciens de nos jours. S'ils eussent compris cela, s'ils eussent pu entrevoir d'avance le *désastre sur lequel le réveil de l'esprit religieux nous a enfin ouvert les yeux*, les correcteurs du chant grégorien, qui au fond n'avaient pas l'intention de porter une main profane sur l'arche sainte, qui n'avaient pas du moins la conscience de ce qu'ils faisaient, n'eussent pas fait, pour le maintenir en honneur et le perpétuer, précisément tout ce qu'il fallait faire pour le détruire. M. de Maistre, que nous avons cité plus haut, a dit encore un beau mot : « Si les hommes comprenaient la révolution *aujourd'hui*, elle finirait *demain*. Mais les pompes arrivent souvent après l'incendie (1). »

D'ailleurs, les correcteurs ne firent que précipiter la ruine du chant ecclésiastique. Le coup mortel était porté. Il l'avait été par l'harmonie dissonante naturelle qui s'était fait jour par C. Monteverde, et si C. Monteverde n'avait pas existé, l'harmonie dissonante se serait fait jour par tout autre, et peut-être dans le même temps; car elle était, dans le cercle limité de l'art musical, la manifestation nécessaire de cet irrésistible besoin d'expansion individuelle qui tourmentait le génie humain. Elle était donc, non un fait individuel, mais une nécessité de l'époque, par conséquent un fait général, le fait d'une conspiration, sinon intention-

(1) *Lettres et opuscules*, t. Ier.

nelle, du moins universelle, qui avait pour
but de détrôner la pensée sociale absorbant
la pensée individuelle, par la pensée individuelle qui exprimait en cela la pensée collective et sociale.

XXXV.

Qu'on ne nous oppose pas les anciens
réformateurs du chant ecclésiastique, qui
faisaient ce qui leur plaisait. Entre eux
et les modernes il y a tout un monde
d'idées différent. Jadis, les grands propagateurs du chant liturgique, les Boèce, les
saint Augustin, les saint Isidore, les Guido,
les Odon de Cluny, les saint Bernard, et
plus tard les Marchetto, les Jean de Mu-
ris, les Glaréan, les Guidetti, etc., etc.,
étaient fort à l'aise pour discuter sur la
musique grecque et sur le plain-chant, sur
les modes anciens et sur les modes ecclésiastiques, car ils n'avaient étudié la musique grecque que d'une manière spécula-
tive, tandis que le plain-chant avait été pour
eux l'objet d'une pratique journalière. Chacun d'eux avait bien, sinon son système
particulier, du moins ses idées particulières, sur la meilleure manière d'interpréter
tel texte de Ptolémée ou d'Aristoxène, sur
la méthode d'enseignement, sur les muances, sur la notation, sur le principe de la
transposition ou réduction des modes; mais
dans la pratique il fallait toujours en venir
aux règles précises, aux faits rigoureux de
la tonalité. Là, tous étaient d'accord, et
l'on peut dire que si, sur certains points,

ils tenaient un langage différent, ils parlaient néanmoins une langue commune, entendue de tous. Mais en pouvait-il être ainsi pour des gens comme Nivers, comme Lebeuf, comme Chastelain, comme De Moz, comme Lafeillée, etc., qui avaient reçu une éducation primordiale toute différente, dont l'oreille s'était pliée à l'euphonie, à la syntaxe d'une langue jeune, nouvelle, pleine de séve et de vie, de mouvement, d'accent, de rhythme, vis-à-vis de laquelle le plain-chant n'était déjà plus qu'une langue morte? Car, à supposer même que les véritables traditions grégoriennes fussent conservées intactes par quelques vieux chantres, isolés dans leur maîtrises, ce que nous sommes loin d'accorder, il n'en est pas moins vrai que ce plaint-chant, si vénérable qu'il fût, n'était déjà plus qu'une *relique*, mais une véritable relique, c'est-à-dire un corps privé d'animation et d'où le souffle et l'esprit s'étaient retirés.

Cette lutte, ce conflit des deux tonalités, auxquels a donné lieu dans les deux derniers siècles l'invasion soudaine de la musique profane, et dont on peut dire que le cerveau des compositeurs a été le théâtre, se perpétuent encore aujourd'hui chez les esprits distingués qui sentent ce qu'il y avait d'expression auguste, grave, pure de tout alliage terrestre, dans les mélodies sacrées. On ne saurait trop hautement rendre hommage au zèle dont quelques savants font preuve, dans le but de régénérer le chant grégorien, et de le réhabiliter dans le culte. Pour notre compte, nous désirons vivement qu'ils réussissent, et nous ne croyons pas impossible qu'ils y parviennent avec le temps, à certaines conditions toutefois que nous indiquerons plus tard; mais s'ils espèrent qu'après avoir rétabli ces textes dans leur pureté primitive, qu'après les avoir purgés des éléments parasites et barbares, dont des réformes ignorantes et maladroites les avaient surchargés, le chant liturgique sera par cela même ramené à son institution primordiale et reprendra son empire sur les esprits; s'ils s'imaginent que le clergé et les fidèles, surpris d'admiration et d'enthousiasme, ne voudront plus entendre d'autres accents dans les églises; s'ils se flattent que le domaine des deux arts sera parfaitement défini et circonscrit; que le chant grégorien régnera sans partage dans le sanctuaire *sans qu'aucun schisme y vienne mêler le doute et la confusion* (1); que la musique profane se contentera de ses théâtres, ses concerts, ses festivals; qu'il n'y aura plus d'empiétements réciproques, plus de profanations; qu'il y aura distinction parfaite entre le spirituel et le temporel; si les hommes dont

(1) Expression dont s'est servi le prince de la Moskowa dans la *France musicale;* nous ne saurions indiquer le numéro. Consulté sur un projet de réforme harmonique appliqué au plain-chant, le même écrivain répondit avec autant de sens que d'esprit : « En fait de musique religieuse, ne me parlez pas des libertés de l'Eglise gallicane : je suis tout à fait ultramontain. »

nous parlons croient tout cela, nous leur déclarons que c'est un vrai rêve. MM. Fétis, Lambillotte, Th. Nisard, et autres, ont entrepris d'immenses travaux pour épurer les chants de l'Eglise, pour les retremper à la source grégorienne, dans le but de les faire accepter par toutes les églises. Quant à M. Fétis, nous nous tromperions fort si son idée n'était pas une idée fort belle, fort louable, mais après tout, une idée d'archéologue. Si la pensée de cet écrivain n'était pas celle que nous supposons, nous dirions alors qu'il est en contradiction avec lui-même, car c'est lui qui a magnifiquement démontré que la tonalité ecclésiastique avait été *anéantie* par le fait même de la création de la tonalité moderne. Or, on n'accuse pas légèrement de contradiction un homme comme M. Fétis.

XXXVI.

Mais tous les partisans du plain-chant ne voient pas aussi loin que lui. M. l'abbé Janssen, auteur d'un livre intitulé : *Les vrais principes du chant grégorien*, et en qui l'on ne saurait méconnaître un homme de savoir et de sagacité, a l'air de ne tenir aucun compte de l'existence de la tonalité moderne. Il semble insinuer que tout le mal vient de « la dégénération des formes primitives du chant et de la *manie* de plier la tonalité primitive et sévère du plain-chant aux exigences prétendues de l'harmonie moderne. » La tonalité moderne ne l'embarrasse nullement. Ecoutons-le :

« Eh bien ! s'écrie-t-il, qu'est-ce qui nous empêcherait d'habituer encore aujourd'hui nos oreilles à cette belle tonalité primitive?»— C'est comme si l'on disait : *Qu'est-ce qui empêcherait* le peuple français de parler la langue du XVIe siècle comme il parle la langue du XIXe ? — « Qu'on y réfléchisse ; il s'agit ici d'un dépôt sacré que l'antiquité chrétienne nous a légué avec une pieuse sollicitude ; il s'agit d'une tonalité dont les effets contrastent heureusement et nécessairement avec les chants profanes écrits dans la tonalité moderne. » Étourdi ! vous répondez vous-même à votre question: *Qu'est-ce qui empêcherait*, car si *les effets de la tonalité* ecclésiastique *contrastent nécessairement avec les chants de l'autre tonalité*, vous donnez vous-même la raison de cet *empêchement.*—«Devons-nous plier nos mélodies sacrées aux caprices d'un usage récent qui ferait bien mieux de se plier lui-même à la majesté divine des chants séculaires? » Non, vous ne le devez pas, mais il n'est pas moins vrai que c'est à quoi ont été réduits et ceux qui ont voulu défigurer sciemment le plain-chant (et nous soutenons qu'ils étaient en petit nombre), et ceux qui, comme vous, veulent le retremper à son origine. Quant à *l'usage récent qui ferait bien mieux de se plier lui-même à la majesté des chants séculaires*, nous avouons qu'il nous paraît impayable et que cet *usage récent* en vaudrait cinquante anciens, si vous pouviez nous dire en quoi consiste cette faculté de la tonalité moderne, laquelle est née de l'inspiration individuelle au profit de la musique dramatique ; passion-

née, colorée, pittoresque, en quoi consiste,
dis-je, cette faculté de la tonalité moderne
de *se plier à la majesté des chants sécu-*
laires ? — « Que si l'on veut absolument
donner quelque chose à l'harmonie moderne,
pourquoi défendrait-on de se servir d'un
accompagnement moins monotone que les
accompagnements d'autrefois, tout en con-
servant au plain-chant sa belle simplicité,
et en respectant sa tonalité primitive? »
Pour le coup, nous ne dirons pas ici :
Habemus confitentem reum, car il ne s'agit
pas d'un coupable; je dirai plutôt que c'est
un innocent qui s'accuse, c'est-à-dire un
athlète consciencieux qui, ne se sentant pas
à l'aise sur son terrain, veut bien faire à son
ennemi la concession de quelques pouces,
sans se douter qu'il livre la place tout entière. Voyez plutôt : *Si l'on veut absolument*
donner quelque chose à l'harmonie moderne.
D'abord, qui est-ce qui *veut absolument?*
C'est tout le monde, car on, c'est tout le
monde. *Donner quelque chose à l'harmonie*
moderne; quelque chose est bien vague, c'est
peu ou beaucoup. Mais comme l'harmonie
moderne repose sur la dissonance, et comme
d'autre part l'harmonie consonnante ne
peut appartenir qu'au plain-chant, il faut
bien admettre qu'une seule concession, la
concession d'une seule dissonance, emporte
la concession de l'harmonie moderne tout
entière. Et quant à *l'accompagnement moins*
monotone que les accompagnements d'autrefois,
comme l'accompagnement ne peut cesser
d'être *monotone*, c'est-à-dire d'être basé sur
le système de l'unité du ton (*unitonique*)

et ne peut devenir varié qu'à la condition d'emprunter *quelque chose* à la tonalité actuelle, il s'ensuit que la phrase en question n'a aucun sens ou qu'elle a celui-ci : Mais attendu que l'organisation humaine est tellement modifiée aujourd'hui par la tonalité moderne, qu'il est d'une nécessité *absolue* pour elle de se *plier* aux exigences de cette même tonalité, pourquoi l'accompagnement du plain-chant ne s'enrichirait-il pas des ressources variées que celle-ci présente, de manière cependant à sauvegarder autant que possible la *belle simplicité et la tonalité primitive* du chant grégorien ! ! !

Et alors la tonalité des anciens modes et la tonalité moderne marcheraient de front ; et cependant elles s'excluent ! l'une représente l'ordre ancien et l'autre le nouveau ; l'une est née de l'inspiration chrétienne, et l'autre est le fruit de l'inspiration mondaine ! L'une est une langue vivante, la langue universelle, qui fait chaque jour de nouvelles conquêtes, qui se développe sans cesse dans l'énergie de ses éléments intimes, qui s'empare de toutes les découvertes de l'acoustique, de tous les progrès de l'instrumentation, qui reproduit toutes les voix, tous les timbres, tous les bruits de la nature ; l'autre est une langue morte dont à peine quelques vieillards balbutient quelques mots dont ils ont retenu la routine, mais dont ils ont perdu la signification !

Nous savons bien que M. l'abbé Janssen poussera les hauts cris en lisant cette traduction un peu libre de sa pensée ; mais ce n'est pas nous qui parlons ainsi, c'est lui ;

ce que nous lui faisons dire là, il ne le pense pas, il ne croit pas le penser ; il ne croit pas le dire, mais il le dit. Nous le défions de s'en tirer autrement. Ce n'est pas tant sa faute à lui que la faute du point de vue où il s'est placé. C'est la force des choses, la force de la vérité qui le contraint à dire ce qu'il ne veut pas.

Et ces passages qu'on vient de lire sont tirés d'une discussion fort intéressante entre M. Fétis et M. Janssen au sujet de l'emploi du demi-ton dans le plain-chant, et habilement soutenue de part et d'autre ; mais cette discussion où le demi-ton était envisagé non-seulement comme accidentel, c'est-à-dire comme moyen d'éluder la dissonance de triton, ou de la relation de *si* contre *fa*, mais encore comme note sensible, et dans ses rapports avec les habitudes d'accompagnement des organistes, en d'autres termes, avec l'harmonie moderne ; cette discussion n'est-elle pas un indice de plus de cette lutte, de ce conflit que les deux tonalités continuent à se livrer dans le cerveau, dans l'oreille et par suite dans l'esprit des théoriciens d'aujourd'hui, dès l'instant qu'ils essayent d'aborder de pareils sujets? Nous le demandons à tous les musiciens qui ont voulu se faire une idée de la théorie des modes ecclésiatiques ; à ceux surtout qui, peu familiarisés dans leur jeunesse avec les chants d'église, ont voulu plus tard, pour satisfaire une curiosité intellectuelle, se rendre compte du caractère des divers modes du plain-chant ; de la façon dont la phrase

mélodique est modifiée, suivant que le mode
est authentique ou plagal, suivant que la
finale est la note la plus grave, ou suivant
qu'elle a une quarte au bas ; du tour propre à
la mélodie, selon que le chant est ce qu'on
appelait *mineur droit*, *mineur inverse*, ou
majeur ; selon que la dominante est à la
quinte, à la sixte, ou au septième degré,
etc, etc. Nous leur demandons si, dans
l'examen de tous ces détails, ils ont pu
s'abstraire complétement des habitudes
tonales de leur éducation ; si à chaque instant leur oreille n'a pas été suspendue
entre deux perceptions absolument contradictoires, et si les notions, les impressions
de la musique moderne ne sont pas venues
constamment s'interposer entre cette tonalité,
objet de leurs études, et leur propre esprit.

XXXVII.

Après la citation de M. l'abbé Janssen,
nous produirons un texte de M. Danjou qui
a bien son mérite aussi. Il s'exprime ainsi :
« Il s'agit *seulement* de retrouver et de rétablir,
dans toute sa pureté primitive, un art qui
avait sa beauté propre, sa grandeur originale,
et qui, absorbé peu à peu par la musique
moderne, a été défiguré par elle au point de
devenir méconnaissable (1). »

Pesons bien ces paroles. Cet art dont parle
M. Danjou, quel est-il ? C'est l'art musical
fondé sur la tonalité grégorienne. Cet art

(1) *Revue* de M. Danjou, décembre 1847

avait sa *beauté propre, sa grandeur originale,*
mais il a été tellement *absorbé par la mu-*
sique moderne, tellement *défiguré par elle,*
qu'il en est *devenu méconnaissable.* De quoi s'a-
git-il pourtant ? Oh! de moins que rien. Il
s'agit SEULEMENT de *le retrouver.* Nous avons
parlé plus haut de l'illusion complète où
étaient M. Danjou et les collaborateurs de
sa *Revue* (M. S. Morelot excepté peut-être),
relativement à la possibilité d'une restauration du chant grégorien. Voilà notre assertion pleinement justifiée.

Nous produirons d'autres textes où M. Danjou, aux prises avec la tonalité moderne, se
sent comme écrasé sous la domination de
celle-ci, et par l'idée de son incompatibilité
avec la tonalité ancienne. Il y a contradiction évidente, il faut bien l'avouer. Mais hâtons-nous de le dire, rien n'est plus honorable
qu'une telle contradiction. Il arrive à M. Danjou de juger, qu'il nous permette de le lui
dire, tantôt avec son esprit et tantôt avec
son cœur. Quand il juge avec son esprit, la
lumière, la sagacité, ne lui font pas défaut.
Il voit bien que la tonalité moderne a tout
envahi et que rien ne saurait résister à cette
marée montante; il voit bien que le chant
grégorien est réduit à la routine, c'est-à-dire
à son cadavre. Quand il juge avec son cœur,
et que, se plaçant au sein du sanctuaire, il
évoque dans son âme d'artiste et de catholique les traditions grégoriennes, c'est alors
qu'il se prend à désirer vivement le retour
de ces magnificences liturgiques, et que,
transformant ses désirs en réalités, il se dit

qu'après tout, il ne s'agit que de *retrouver et de rétablir le plain-chant dans sa pureté primitive.*

Qu'est-ce à dire pourtant? M. Danjou voudrait-il se borner à une simple affaire d'archéologie? Penserait-il que tout serait dit, lorsqu'on aurait reconstruit le texte pur de saint Grégoire, en supposant que la chose fût possible (1)? N'y a-t-il pas une autre question auprès de laquelle la première dis-

(848) En supposant que la chose fût possible, disons-nous, car, en admettant qu'entre les différentes versions des divers manuscrits on pût trouver la bonne, ce que nous ne nions pas, il faudrait encore retrouver les lois de la prosodie; il faudrait encore découvrir le secret de certains ornements de chant; il faudrait enfin suppléer à une foule de signes que les anciens chantres n'écrivaient pas, notamment ceux qui se rapportent au demi-ton, à la note feinte, etc. Et pourquoi ne les écrivait-on pas? Parce que ces signes étaient sous-entendus, tant l'oreille exercée aux exigences de cette tonalité était sûre de ne pas se tromper. Mais comme notre oreille est aujourd'hui formée à d'autres habitudes tonales ; comme elle admet, comme réguliers, disons mieux, comme elle sollicite ardemment certains intervalles que nos pères repoussaient avec horreur, il s'ensuit que, dans la plupart des cas, il faudrait, ainsi qu'il a été dit, non juger d'après les convenances de l'oreille, mais d'après ses répulsions. Quelles incertitudes! quel chaos!

Nous sommes heureux de trouver l'occasion de faire connaître l'opinion du R. P. Lambillotte : « Une seconde tentative (pour la restauration des chants grégoriens) s'appuie sur les *règles*, dit il. Mais ces *règles* sont celles de la *tonalité grégorienne* ou celles de la *tonalité moderne*. Dans le

paraît, la question de réapprendre aux populations une langue dont elles s'éloignent toujours davantage, de plier l'oreille humaine aux conditions, à la syntaxe, à l'euphonie de cette *langue qu'elle a oubliée ?*

XXXVIII.

Faisons une comparaison. L'ancienne langue romane avait sa *beauté propre,*

premier cas, nous concevons qu'au moyen de ces règles on puisse corriger les vices de certaines versions corrompues, et dire : Ceci n'est pas de saint Grégoire. Mais *reconstruire* une phrase grégorienne, découvrir si saint Grégoire a mis telle note ou telle autre, jamais. Ce sont là des faits que les manuscrits seuls peuvent nous apprendre. Que dirait-on de quelqu'un qui, à l'aide des règles de la versification latine, voudrait retrouver un vers de Virgile ? Virgile, sans transgresser ces règles, a pu faire son vers d'une infinité de manières. De même saint Grégoire a pu. moduler sa phrase de mille façons, toutes d'accord avec les règles de sa musique. De quel secours donc peuvent être les règles *toutes seules* pour dire quelle est la modulation qu'il a choisie ? — Quant à ceux qui prétendent appliquer les règles de la tonalité moderne aux mélodies grégoriennes, leur erreur est encore plus palpable. D'un tel système il ne peut résulter qu'un mélange monstrueux de deux éléments hétérogènes et incompatibles. » — *De l'unité dans les chants liturgiques.* — De son côté M. Vitet s'exprime ainsi dans ses beaux articles du *Journal des savants* sur les *études* de M. T. Nisard : « Ce qu'il y a de plus rare et de plus difficile en archéologie musicale, ce n'est pas de rétablir le texte exact et pur d'une ancienne mélodie, *c'est d'en retrouver l'ancien mode d'exécution.* »

son caractère *original;* elle a été absorbée
par trois langues arrivées à la plénitude de
leur développement, par l'espagnol, l'italien
et le français; de telle sorte que ces trois
langues ne présentent plus que des vestiges
défigurés de la langue mère; il s'agit pourtant de la retrouver et de la rétablir dans
sa pureté primitive. Des savants, tels que
Raynouard, Fauriel, Honnorat, et autres,
consacrent à cette tâche la plus grande partie
de leur vie. Enfin, ils la reconstruisent; nous
l'admettons sans difficulté. Ils publient des
grammaires, des glossaires, des monuments
inédits de cette langue éteinte. C'est fort
bien. Les amateurs, les poëtes, les linguis-
tes, les philologues, savoureront avec délices ces fruits d'un autre âge; mais de là à
faire parler cette langue par le peuple, à
lui en remettre, pour ainsi dire, les mots
dans la bouche et les sons dans l'oreille, on
conviendra qu'il y a loin.

Et cependant il est bien plus aisé d'apprendre une langue morte que de plier
notre organisation aux conditions d'un système musical qui n'est pas le nôtre Apprendre une langue morte est une affaire de
mémoire d'abord, et ensuite de réflexion.
La syntaxe repose sur un ensemble de lois
à la portée de toute intelligence; tandis que
dans un système musical, rien ne s'adresse
à l'esprit. La division des intervalles propre
à ce système n'ayant rien d'essentiel en soi,
ni aucune raison d'être en elle-même, elle ne
saurait affecter que nos organes. Mais nos
organes ayant été antérieurement modifiés

par la tonalité universelle, ils perdent toute aptitude à être de nouveau modifiés par une tonalité toute différente. L'analogie même de certains éléments de la nouvelle tonalité avec la tonalité maternelle devient une difficulté de plus ; car nous n'apercevons pas plus la raison de cette analogie que la raison de la dissemblance et de l'incompatibilité des deux systèmes.

XXXIX.

Mais on sera curieux de connaître ce que M. Danjou nous a appris de Rome, cette terre classique de la musique, et qui devrait être aussi la terre classique des traditions grégoriennes. Dans une lettre adressée à M. Simon, grand doyen de Saint-Jacques, à Turcoing, et publiée dans la *Revue de musique religieuse* de mai 1847, M. Danjou célèbre ainsi qu'il suit les obsèques du plain-chant : « Vous voyez... que l'étude du chant ecclésiastique est complétement abandonnée à Rome. Comment en serait-il autrement ? La musique moderne a envahi le lieu saint, le plain-chant n'existe plus, le peuple ne prend aucune part, non-seulement à l'exécution du chant religieux, mais encore à la liturgie des saints offices. C'est à Rome un art entièrement éteint, que celui qui a pour objet le chant des louanges de Dieu. Vous jugerez mieux de l'exactitude de mes assertions par l'exactitude des détails que je vais vous donner. » Suivent ces détails que l'on serait tenté de croire exagérés, tant ils sont lamentables. « Le plain-chant, continue l'écrivain, est

presque entièrement banni des églises principales de Rome ; il faut aller dans quelque
couvent de Capucins ou de Chartreux pour
entendre exécuter, Dieu sait comment, le
chant ecclésiastique. » Puis, après avoir
parlé des orgues *enrichis de grosses caisses,
cymbales, chapeaux chinois, desquels les organistes font un usage immodéré*, M. Danjou
poursuit : « Vous avez auprès de vous, en
Belgique, un genre de chant qui peut vous
donner une idée de celui qu'on exécute ici
(à Rome). Imaginez, si cela vous est possible, quelque chose de plus mauvais que.....
le plain-chant harmonisé suivant la méthode
de M. T.....; persuadez-vous qu'il peut
exister des organistes pires que ceux qu'on
entend dans les villages belges ; cherchez à
vous représenter la parodie du chœur de
Sainte-Gudule, et vous comprendrez la musique des églises de Rome comme si vous l'aviez
entendue. » Remarquez ici comme, tout en
passant, M. T...., le chœur de Sainte-Gudule,
toute la Belgique enfin, reçoivent leur coup
de patte. Mais revenons à Rome. Imaginez
enfin que « les éditions italiennes (de plain-
chant), depuis le xvi° siècle, ont été systé
matiquement altérées, et que le plain-chant
y a été altéré et corrompu d'après le goût
des compositeurs modernes. Quant aux Au-
tiphonaires notés, qui sont conservés à la
bibliothèque Vaticane, j'ai acquis la certi-
tude que j'étais depuis bien longtemps la
seule personne qui eût eu la curiosité de les
regarder..... Encore une fois, il est impossible qu'on porte à Rome le moindre intérêt
au chant ecclésiastique, puisqu'il a entiè-

rement disparu de l'office. » M. Danjou conclut ainsi : « C'est la France qui doit imposer à l'Italie le progrès, la lumière et le génie de l'art chrétien..... C'est la France qui doit rendre aujourd'hui à Rome les Antiphonaires que le Pape Adrien a prêtés à Charlemagne ; c'est la France qui doit donner l'exemple d'une réaction impitoyable contre l'esprit païen, qui a corrompu le monde depuis trois siècles. »

FIAT ! FIAT !

En musique, *cet esprit païen qui a corrompu le monde depuis trois siècles*, c'est la tonalité moderne. C'est du moins la pensée de M. Danjou.

Mais, par quel miracle cet *esprit païen* n'aurait-il pas *corrompu* les oreilles françaises ? N'est-ce pas le clergé français que M. Danjou dénonce dans son numéro de mai 1846, lorsque, à propos de *l'influence* que la *tonalité nouvelle* avait exercée sur l'esprit de l'abbé Lebeuf, il s'écrie : « Tout le clergé de notre époque partage cette *erreur*. »

Ne sont-ce pas les chantres français que M. S. Morelot a en vue, lorsque, dans le même recueil, il nous dépeint ces « chantres chez lesquels d'ailleurs le sentiment de la tonalité ecclésiastique est *émoussé* par l'habitude qu'ils ont d'entendre et d'exécuter de la musique moderne, et n'ont plus d'autre guide qu'une routine aveugle qui ne leur fournit aucun secours, lorsqu'ils se trouvent en présence d'une mélodie qui ne leur est pas familière (1) ? »

Enfin ce sont probablement encore les chantres français que M. Vitet veut désigner, quand, dans ses articles du *Journal des savants* sur les *Etudes de notation* de M. T. Nisard, il s'exprime de cette sorte : « Si saint Grégoire revenait au monde; s'il entendait comment on psalmodie à nos lutrins ; comment tantôt par des mugissements inhumains, tantôt par des fredons profanes, on défigure ses saintes mélodies, il serait tenté de croire que les Goths, les Allobroges ou les Lombards nous ont fait, à nous aussi, quelque récente visite. »

Que M. Danjou veuille bien relire maintenant sa fameuse phrase : *il s'agit seulement ;* et qu'il nous dise *seulement* ce qu'il pense de ce mot *seulement.*

XL.

Il ne faudrait pas s'imaginer, comme M. l'abbé Janssen, que l'isolement du monde, l'habitude du sanctuaire, sont des préservatifs absolus contre la tonalité dominante. C'est peut être le contraire. Nous avons déjà dit que la tonalité est une langue que les enfants apprennent sans le savoir, sans le vouloir, comme ils apprennent à parler leur langue maternelle.

(1) *Revue* de M. Danjou, septembre 1847; *De la solmisation,* p. 301.

Il y a des idées, dit-on, qui sont dans l'air qu'on respire. Il en est de même de la tonalité. Confinez un enfant de chœur au fond de sa maîtrise, ne lui enseignez que le plain-chant, établissez autour de lui un cordon sanitaire pour le préserver du contact de l'art moderne; la tonalité pénétrera jusqu'à lui par les souvenirs de la chanson de sa nourrice, nous l'avons déjà dit, par la musique du régiment, les chanteurs ambulants, les sons de l'orgue, et même par le carillon de son église. A la longue tous ces sons se seront classés dans sa tête, tous les intervalles se seront rangés selon le mode majeur ou le mode mineur. Il ne s'en rendra pas compte, mais qu'importe? Un instinct infaillible le guidera. Et puis, quand après cela vous le mettrez au lutrin, il chantera par métier, par routine, sans goût, sans plaisir; il parlera une langue morte comme il estropie son latin auquel il n'entend rien. Il a un autre type dans la tête. Et c'est ce qui explique la prédilection marquée des jeunes séminaristes pour la musique italienne et les airs d'opéra-comique, prédilection excitée en eux et rendue irrésistible par le régime de privation et d'abstinence auquel ils ont été soumis quant à la musique. L'Eglise leur défend d'aller au théâtre; ils se dédommagent en transportant le théâtre à l'église. Voilà pourquoi les exercices, en général, dirigés par de jeunes ecclésiastiques, les mois de Marie, les confréries, les catéchismes de persévérance, retentissent d'airs mondains, que ces mêmes ecclésiastiques trouvent

bien plus expressifs, bien plus religieux,
bien plus *pieux*, que le plain-chant; et cette
illusion est d'autant plus honorable pour
eux que, le plain-chant n'ayant rien qui les
attire, ils ont naturellement identifié les
sentiments de piété qui les animent avec les
accents mêmes qui, sur la scène, servent à
exprimer des sentiments tout opposés.

XLI.

Nous voulons rapporter ici un jugement sur le *Miserere* de l'abbé Baini, jugement que nous avons lu il y a bien des
années, et qui nous a toujours frappé. Il
est d'un musicien distingué, J. Mainzer,
Allemand de nation, israélite de religion,
musicien de profession, mort à la peine à
Londres, croyons-nous, où il avait fondé
une école de musique.

« Je n'ai pas seulement entendu exécuter
le *Miserere* de Baini, écrit J. Mainzer; je
l'ai lu très-attentivement et je l'ai étudié
avec Baini lui-même, qui a bien voulu
m'éclairer de ses observations orales. Je
pourrais soutenir hardiment qu'il a épuisé
dans cette composition tout ce que l'art
connaît de plus difficile, et que son œuvre
doit le faire regarder comme un maître et un
artiste du premier ordre..... Et pourtant,
malgré ma profonde estime pour Baini, malgré l'attachement que je lui porte, comme
homme, comme savant et comme artiste, je
n'hésite pas à affirmer que le jour où un
décret pontifical a autorisé la réception de

son *Miserere*, la chapelle Sixtine a fait son premier pas vers la décadence. Si, en effet, nous trouvons dans cette œuvre une profusion de science telle que, sous ce rapport, les ouvrages de Bei, d'Allegri et de Leo ne sont plus que des jeux d'enfant, nous regrettons aussi de n'y pas rencontrer cette simplicité, ainsi que ce cachet d'innocence et de piété, qui, pendant tant de siècles, avaient attiré l'admiration de l'Europe.... On voit par là que Baini, qui ne connaît, pour ainsi dire, que les œuvres d'Animuccia, de Palestrina, de Moralès, et de leurs contemporains ; Baini, à qui Handel, Graun, Gluck, Haydn et Mozart ne sont presque connus que de nom, a pourtant subi l'influence du siècle où il écrivait. En effet, cet homme, dont la vie tout entière a été divisée en deux parts, dont l'une consacrée à l'étude de la théologie, voire même de la casuistique, qui lui est nécessaire comme confesseur, et l'autre à celle de la musique, qu'il a travaillée en savant et en historien ; cet homme qui n'a jamais vu un opéra quelconque, qui se croirait perdu si jamais il éprouvait la tentation d'en voir un seul, cet homme a pourtant traité ses compositions avec un style dramatique, en reproduisant sans cesse le sens des paroles et des sentiments, comme aurait pu le faire un compositeur d'opéras, si ce n'est que celui-ci aurait employé des couleurs plus brillantes et plus mondaines (1). »

(1) *Gazette musicale de 1835, Article sur la chapelle Sixtine.*

Et notez bien qu'il n'est pas question ici d'une autre tonalité que de la moderne.

Eh quoi ! nous avons perdu, absolument perdu les traditions de Grétry, de Gluck, de Spontini, qui sont d'hier, à tel point que ni le *Sylvain*, ni *Alceste*, ni la *Vestale*, ne sauraient être représentés aujourd'hui sur la scène; demain, oui demain, c'est-à-dire avant dix ans, nous aurons perdu les traditions de Rossini, et vous vous figurez retrouver, non-seulement la lettre du chant grégorien, mais encore ses traditions, son esprit ! Nous ne pouvons retrouver l'accent de nos pères dans des partitions qui datent de cinquante ans et que nous déchiffrons à merveille, et vous rétablirez les chants du moyen âge notés en hiéroglyphes !

XLII.

A ceux qui disent que l'oreille peut se prêter aux éléments des deux tonalités, nous leur répéterons qu'ils se font des illusions étranges. A force d'étude, de patience, de méditations; à force de s'isoler des habitudes de l'art moderne, nous concevons qu'on peut, jusqu'à un certain point, se familiariser avec les formules des modes ecclésiastiques. Nous l'admettrons, toujours jusqu'à un certain point, pour vous, M. Fétis, pour vous, M. Nisard, pour vous, M. de La Fage, pour vous, M. Janssen, M. Danjou, M. Lambillotte, M. l'abbé David, qui savez analyser vos sensations. Mais il ne s'agit pas

d'un, de deux, de trois individus pris à part ;
il s'agit de la masse, qui n'a le temps ni
d'étudier, ni de réfléchir, ni de comparer,
et à qui vous ne ferez pas apprendre une
langue morte. Priez donc M. Fétis, M.
l'abbé Janssen, M. l'abbé David, de discuter
devant vous sur certains caractères des
modes, sur la position des demi-tons, sur
l'emploi des *feintes* dans le plain-chant ;
c'est alors que vous verrez maître Trudon
en désaccord avec maître Albinus, et maître
Albinus et maître Trudon démentis par
maître Salomon. Si bien que, de guerre
lasse, vous quitterez la partie en disant avec
Rousseau : « Le plain-chant plaît aujour-
d'hui à quelques-uns d'entre nous par le
contraste qu'il présente avec la musique
moderne, par son caractère calme et religieux ; *mais, si nous sommes sincères, nous
avouerons que nous n'entendons rien aux
modes ni à leurs variétés mélodiques.* » Ou
bien vous vous écrierez avec un autre écrivain : « LES MODES SONT L'ÉCUEIL DE TOUS LES
MUSICIENS. Ils n'y entendent rien, TOUS TANT
QU'ILS SONT ; et, en effet, si la science de
quelques-uns *ne va pas jusqu'à connoître
seulement le détail du système grégorien,*
COMMENT POURROIENT-ILS PÉNÉTRER DANS
LES SYSTÈMES DE CHANT QUI SONT PLUS ANCIENS
ET RECONNOÎTRE DANS NOS OFFICES CE QUI EN
EST ÉMANÉ ? » Et qui est ce qui parle ainsi ? Eh,
mon Dieu ! c'est cet excellent abbé Lebeuf,
qui tour à tour séduit par les *tours gracieux,
les belles pensées du chant* de l'art moderne,
et par le *caractère calme et religieux* du plain-
chant, a dit le pour et le contre avec une

aisance qui fait le plus bel éloge de sa sincérité (1). On peut apprendre une langue morte, nous l'avons déjà dit, parce que les mots sont une affaire de mémoire, et la syntaxe une affaire de raison et d'analogie. La parler, c'est plus difficile. Penser dans cette langue, c'est encore plus fort. Mais enfin on peut l'admettre. Il n'y a nulle incompatibilité entre la langue d'Homère, la langue de Virgile et la langue française. Mais il y a incompatibilité entre la tonalité ancienne et notre tonalité. Encore une fois, pourquoi ? Parce que l'une repose sur ce qui est réprouvé par l'autre ; parce que l'accord de *sensible*, la *transition*, la *dissonance*, le *triton*, en un mot ce *diable en musique*, *diabolus in musica*, ce dont la nature a hor-

(1) *Lettre* (extrêmement curieuse) *écrite à l'abbé Fenel, touchant l'origine du proverbe,* LI CHAN-TEOR DE SENS. (*Mercure de France*, février 1734, pp. 210-218.) — Mais c'est dans le *Mémoire sur l'autorité des musiciens* que l'abbé Lebeuf nous fait des aveux plus curieux encore. Il *ne celle point qu'avant son voyage à Auxerre, il étoit dans le préjugé commun, mais qu'il en est entièrement revenu; il reconnoit aujourd'hui que le goût de la musique et le goût du plain-chant sont deux goûts bien différents ; que pour être habile dans la composition de l'une on ne l'est pas pour cela dans la composition de l'autre; qu'il y a certains enchaînements, certaines manières de traiter, certaines tournures, en un mot une mechanique particulière dans l'art du plain-chant, laquelle mechanique n'est pas fort aisée à attraper; que le plain-chant composé dans ces derniers temps par des musiciens n'est pas du plain-chant*, etc. — *Mercure de France*, 1729.

reur, *perhorrescit natura*, ce que les musiciens doivent éviter comme les nautonniers
évitent les écueils (1), tout cela est l'âme,
la vie de la musique actuelle. Grétry s'écriait,
en entendant l'opéra d'*Uthal*, de Méhul, où
les violons avaient cédé la place aux altos :
« Je donnerais un louis pour entendre une
chanterelle. » S'il nous était possible d'entendre cinquante mesures d'accords parfaits
de suite nous nous écrierions : « Un louis
pour une dissonance ! » Et observons bien
que ce *diabolus in musica* subsiste toujours
pour nous. De ce qu'il fait la base de notre tonalité, il n'a pas pour cela changé
de nature. On peut même dire qu'à certains
égards il était admis avant Monteverde; du
moins ce *diabolus* montrait-il le bout de l'o-
reille dans la *dissonance artificielle*. Il se
dévoile à nu dans la *dissonance sans préparation*. M. Fétis a fort bien dit ci-dessus
qu'il est fondé sur la *répulsion harmonique*
entre le quatrième et le septième degré de
la gamme, et que c'est pour cela qu'il nécessite une résolution sur l'accord parfait, expression du repos. Or, c'est aussi pour cela
qu'il produit ce douloureux chatouillement
(qu'on nous passe ces expressions, mais
elles sont exactes), ce frémissement nerveux, état de malaise et de souffrance, mais

(1) « Quem profecto tritonum, musici non minus
abhorrent (*sic*) in cantilena, quam nautæ in mari
syrtes, quoniam sonora ac concordi voce proferri
non potest. » — *Recanetum de musica aurea*, lib. iii,
cap. 33, d'Etienne VANNEO, 1533; *Bibl. Imp.*, in-
fol., V 612.

rendu on ne peut plus sensuel et voluptueux par l'attente et le pressentiment irrésistible de la consonnance qui va suivre. Qu'après cela on dise que notre musique est bien réellement *endiablée*, nous n'y contredirons pas; — ni M. Danjou non plus, pensons-nous.

XLIII.

La tonalité du plain-chant est-elle donc perdue sans retour?

A Dieu ne plaise que nous osions prononcer un arrêt terrible! Nous essaierons toutefois de répondre à cette question, mais après avoir reposé notre vue sur un ordre de faits plus rassurant. Nous avons parlé du clergé vieux et jeune, des chantres, des maîtres de chapelle, des organistes, des correcteurs, des théoriciens, qui se vouent à la restauration du chant liturgique, des fidèles de nos grandes paroisses, tous gens fort civilisés, fort au niveau de leur siècle ; nous avons montré ce qu'il y avait à attendre de ces ordres divers suivant leurs diverses tendances. Mais n'oublions pas un personnage, un QUELQU'UN dont malheureusement on ne tient pas assez de compte dans les questions du genre de celle qui nous occupe. Ce *quelqu'un*, c'est le peuple, le peuple qui nous entoure, dont l'oreille est bien plus près que la nôtre de la tonalité ecclésiastique, parce qu'il est plus étranger à notre luxe, à nos arts, à nos jouissances, à nos raffinements; le peuple de

Paris et le peuple de nos provinces en qui se conservent nos anciens dialectes.

Mais ce mot de provinces nous suggère à l'instant une courte observation qui ne sera peut-être pas dépourvue d'intérêt.

XLIV.

Assurément il ne viendra à l'esprit de personne de dire que les méridionaux, les Provençaux, les Languedociens, les Gascons, sont dépourvus du génie poétique ; qu'ils n'ont pas cette grâce, cette naïveté, cette fraîcheur d'inspiration, cette richesse de coloris, cette vivacité d'images, ce sentiment de la nature, cet élan, cette soudaineté, cette énergie qui font les grands poëtes. Et pourtant parmi les grands noms dont s'honore la poésie française, il n'en est aucun qui appartienne à cette partie de la France que le soleil échauffe de ses rayons et qui a vu naître ces troubadours à qui il n'a manqué qu'une chose, à savoir une langue assez parfaite pour perfectionner leurs chants, assez fixe pour les perpétuer dans la mémoire des hommes. Tous nos poëtes appartiennent aux régions du centre et du nord. On en peut dire autant des grands écrivains, Montaigne excepté, qui justifie sous certains rapports ce que je vais dire. Quelle est donc la raison de cette inégalité ? Et pourquoi la moitié des habitants d'un vaste territoire se trouve-t-elle ainsi déshéritée en ce qui touche aux nobles créations de l'intelligence ? Ne cherchons pas cette raison ailleurs que dans les dialectes que l'on parle dans cette partie de la France; dialectes qui présentent des analogies remarquables avec la langue dominante, qui ont contribué à sa formation, mais qui cependant n'ont pas assez d'affinité avec elle pour qu'elle puisse être considérée autrement que la langue de la conquête, la langue imposée, et par conséquent la langue artificielle.

La langue française n'est pas pour les méridionaux la langue maternelle ; c'est la langue apprise, la langue superposée, la langue du bon ton, la langue de la politique, la langue savante, la langue officielle; ce n'est pas la langue du foyer. Et l'étranger qui, dans les transactions, dans les affaires, parle le français, est appelé, par le peuple, qui se méfie toujours, un *Franciot*.

Or, ces trois dialectes, le provençal, le languedocien, le gascon, qui sortent tous de la langue romane, leur souche commune, et qui n'en diffèrent qu'à la surface, ont aussi leur *tonalité* qui n'est pas celle de la langue française ; ils ont leur accent, leur couleur, leur sonorité, accent incorrigible, invétéré, qui peut, à la longue, être modifiable dans un grand empire sillonné de chemins de fer, mais qui ne l'a pas été jusqu'ici. Comment veut-on que des gens parlent, écrivent en français, tandis qu'ils pensent dans une autre langue? Pour obvier à cet inconvénient de l'accent, la plupart des parents riches ont pris le parti d'envoyer de bonne heure leurs enfants à Paris. Qu'arrive-t-il souvent ? Soumis à une action trop vive, à un développement trop hâté, ces natures si riches s'épuisent tout à coup, comme des plantes transplantées en serre chaude perdent toute séve, tout parfum natal, et ce qu'elles acquièrent en élégance, en dehors séduisants, est loin de compenser ce qu'on leur enlève de jet, de spontanéité, d'originalité. Ainsi, soit qu'on les sépare trop tôt des germes nourriciers propres au sol natal, soit qu'on les retienne trop longtemps dans la région saine, mais étroite et bornée du foyer domestique, les méridionaux sont restés jusqu'ici, en fait de poésie et de littérature, sauf certaines exceptions, inférieurs aux autres habitants de la France. Mais, si nous ne mettons plus en ligne de compte que ceux d'entre nos méridionaux qui s'obstinent à naître, à vivre et à mourir au sein de leurs habitudes casanières, sous l'empire de leurs dialectes, nous dirons que ces dialectes ont établi entre eux et le reste de la France un mur de séparation, et que sous le rapport des arts du langage, ils sont en quelque sorte rayés de la grande famille française.

Quant à Montaigne, c'est un pur Gascon, resté Gascon, et qui a eu l'art de se traduire admirablement pour toutes les contrées de la France.

XLV.

Revenons au peuple. D'abord, admettons comme indubitable que le plainchant ne se serait pas maintenu, perpétué

durant tant de siècles ; qu'il n'aurait pas,
durant tant de siècles, réglé pour ainsi dire
l'oreille des populations, s'il n'eût pas pré-
senté un caractère éminemment populaire,
et s'il n'eût pas été l'élément, le moyen
d'action le plus puissant des deux choses
également les plus populaires, à savoir, le
culte et la liturgie. Aujourd'hui même,
malgré sa décadence, malgré le dédain dont
il est l'objet, malgré le rôle subalterne auquel le condamnent les envahissements de
la musique profane, il est encore, dans le
temple, le seul lien au moyen duquel le riche
et le pauvre, l'homme de science et l'homme
de travail, le maître et le serviteur, frater-
nisent saintement : *Loquentes et commonen-
tes vos in hymnis et canticis spiritualibus.*
(Saint PAUL.)

Un de nos théoriciens ecclésiastiques les
plus recommandables, Poisson, qui a eu le tort
de prêter les mains à la *correction* de l'Antiphonaire, mais qui semble avoir reculé devant
les conséquences de l'œuvre à laquelle il avait
concouru, puisque dans le livre même où il
a consigné les changements dont le chant a
été l'objet, il s'élève avec force contre certains systèmes qui ne tendaient à rien
moins qu'à *tout ramener à la musique moderne,* c'est-à-dire à substituer la tonalité
moderne à l'ancienne ; Poisson n'a pas manqué de signaler ce caractère du plain-chant,
et, sans se rendre compte, plus que les autres réformateurs, de ce que nous entendons
aujourd'hui par ce mot de *tonalité,* il a bien
entrevu le danger qui résulterait, pour le

chant grégorien, d'une révolution qui aurait
pour objet de changer les habitudes tonales
du peuple. « Le peuple, dit-il, n'est pas ici
de petite considération. C'est pour lui prin-
cipalement que s'est formé l'extérieur du
culte divin, et le chant des offices, qui en
fait une partie si considérable, ne lui est pas
indifférent. On sait au contraire quel est
son attrait pour quantité de pièces qu'il af-
fectionne, chacun suivant son goût et son
caractère. Qu'à la place de ces chants populaires on en substitue de plus parfaits, si
l'on veut, et même plus harmonieux, mais
plus difficiles : jusqu'à ce que le peuple
soit accoutumé à un pareil changement,
combien faut-il qu'il s'écoule de temps? N'y
auroit-il pas aussi lieu de craindre qu'il ne
passât du mécontentement au dégoût même
des offices publics, si le chant étoit si peu
à sa portée qu'il fût obligé d'y renoncer ?...
Peut-on se flatter que le peuple et même le
clergé adoptent volontiers un chant si difficile, et d'ailleurs si différent du grégorien (1) ? » Deux choses ressortent de ce
passage. En premier lieu, il est visible que
Poisson redoute le moment où la musique
détrônera le plain-chant et prendra sa place
dans l'église, ou, si l'on veut, le moment
où le plain-chant abandonnera ses règles,
sa tonalité, pour se *plier* à la tonalité et aux
règles de la musique, moment qui est arrivé plus tôt que Poisson ne l'avait prévu et
qu'il a hâté pour sa part. En deuxième lieu,
il est non moins évident qu'au moment où

(1) POISSON, *Traité du chant grég.*, pp. 14 et 15.

Poisson écrivait, c'est-à-dire vers le milieu
du xviii° siècle, les deux classes les moins
en contact avec l'art officiel, l'art du luxe,
l'art profane, le peuple et le clergé, étaient
les meilleures gardiennes des traditions liturgiques et grégoriennes. Quant aux musiciens
de profession, il est de fait qu'ils étaient
partisans du système moderne. Poisson les
représente comme « des maîtres habiles d'ailleurs, que le goût de leur science ou l'*usage
de leurs églises* a rendus *dédaigneux du plain-
chant*, ou qui n'en ont composé qu'en vue
du contrepoint. » On a vu ce que l'abbé
Lebeuf nous a dit à ce sujet dans son mémoire sur l'incompétence des musiciens en
fait de chant ecclésiastique et dans sa *Lettre
à l'abbé Fenel* (1).

Dans un autre endroit, luttant toujours

(1) « Si votre chapitre fut des premiers à admettre l'organisation du chant grégorien, c'est-à-
dire qu'on fit des accords sur ce chant, il fut aussi
des premiers à rejeter cet usage ; non pas que ces
accords blessassent l'oreille, mais parce qu'on sentit
peut-être quelques inconvénients de la part de ceux
qui l'exécutoient. Je crois que votre église a très-
prudemment fait de prévenir le temps des raffinements où nous sommes à présent, *temps auquel la
musique voudroit supplanter le plain-chant. Les
musiciens en général et ceux qui leur sont pour ainsi
dire affiliés, ou qui leur touchent par quelque endroit,
comme, par exemple, seroit un chanoine qui sait un
peu toucher du clavecin, ou chanter sa partie de
musique, font des raisonnements si pitoyables en fait
de plain-chant, et traitent si mal cette science, que
tout est à craindre pour les églises où ils sont écoutés.* »
— Même *Lettre à l'abbé Fenel*.

7

contre les musiciens, Poisson s'écrie : « Nous ne pensons pas que le plain-chant ait besoin de plus de musique qu'il n'en a par lui-même (1). » Ainsi, il y a juste un siècle que *l'usage de certaines églises* était de remplacer le plain-chant par le contrepoint, ou le chant sur le livre, bizarre mélange de musique et de plain-chant, dit encore notre auteur, qu'on peut justement appeler *cacophonie* (2). Quant au peuple et au clergé, ils n'entendaient goutte à ces *raffinements ;* ils étaient pour le plain-chant.

XLVI.

Il est bon de noter en passant, sinon l'état de l'art, du moins l'état des esprits relativement à l'art à certaines époques. Aujourd'hui, après un siècle, où en sommes-nous tous, clergé, musiciens et peuple ? Entrons dans une de nos grandes paroisses. Pas une grande fête, et même pas un dimanche ordinaire, sans une messe en musique, ou tout au moins en plain-chant harmonisé. Il faut qu'une paroisse soit bien pauvre pour qu'elle se contente du plain-chant,

(1) Poisson, *Tr. du. ch. grég.*, p. 6 et p. 12. — Rousseau dit de son côté : «Loin qu'on doive porter notre musique dans le plain-chant, je suis persuadé qu'on gagnerait à transporter le plain-chant dans notre musique ; mais il faudrait avoir pour cela beaucoup de goût, encore plus de savoir, et surtout être exempt de préjugés. » Passons sur les *préjugés.* — C'est ce qu'a fait M. Meyerbeer dans les *Huguenots* et le *Prophète ;* on sait avec quel savoir et quel *goût.*
(2) *Ibid.*, p. 75

et quel plain-chant! comment maltraité! comment défiguré !

Nous nous trompons : aujourd'hui, en 1853, cette pauvre tonalité du plain-chant, traquée dans le sanctuaire, a trouvé un dernier asile dans certains rangs du peuple et dans certains recoins de la France où le peuple, le peuple des campagnes et des dialectes, par cela même moins en contact avec les choses bonnes ou mauvaises de la civilisation moderne, est devenu le dépositaire des anciennes coutumes et traditions nationales.

Mais nous voulons parler d'abord du peuple de Paris, qui n'est pas toujours aussi révolutionnaire qu'on le dit, et qui se montre parfois plus conservateur qu'il ne pense. Nous allons entrer dans des détails qui sembleront peut-être familiers et puérils, mais il faut toujours en venir là quand il s'agit d'expliquer l'origine de certaines choses et de chercher la raison d'être de certains usages. Eh bien ! ce peuple de Paris conserve la tonalité ancienne beaucoup plus fidèlement que ne le font les ecclésiastiques et les chantres. La rue est meilleure gardienne que l'église : je prends à témoin ces *cris de Paris*, ces phrases plus ou moins mélodiques, mais toutes significatives, que les marchands ambulants font retentir dans nos carrefours et au moyen desquelles ils annoncent l'objet de leur industrie. Ces cris qui se succèdent suivant l'ordre des saisons, et que chaque saison ramène avec les divers produits de la terre; ces cris qui se transmettent invariablement de père en fils sur le même mode, la même intonation, le même accent, la même cadence tonale, sont évidemment dérivés des modes du plain-chant (1).

Et remarquez que c'est le mode, le jet mélodique, la note prolongée ou saccadée avec un accent rauque, et non pas la parole qui pénètre au fond du logis et qui va frapper l'oreille de la ménagère. L'oreille de celle-ci est tellement façonnée à cette gamme, à cette *tonalité*, qu'elle discerne tout de suite quel est le marchand, quelle est la denrée qui attendent le consommateur à la porte. Chaque fruit, chaque légume, chaque engin a sa note pittoresque, son *cri* guttural ou mélodieux, strident ou velouté, par lequel il se nomme de lui-même, comme pour l'oiseleur, chaque oiseau a, indépendamment de son chant propre, un *cri* qui le distingue, et au moyen duquel il appelle les oiseaux de son espèce. Grâce à cet argot musical, le peuple s'entretient chaque matin de ses affaires, de son commerce, de son industrie, des objets nécessaires à son

(1) Pour ne parler que des plus connus, citons le *cri* des marchandes de *plaisirs* et le *cri* des marchands d'asperges, si caractéristiques et qui appartiennent évidemment à la tonalité du plain-chant. On sait que Clément Jannequin avait réuni tous ces cris dans un morceau charmant, intitulé *Cris de Paris*, exécuté jadis avec beaucoup de succès chez Choron. Ce compositeur, qui vivait sous François Ier, avait aussi mis en musique la *bataille de Marignan* et le *caquet des femmes*.

existence pendant la journée. Et cet argot musical, qu'est-il autre chose aux yeux de l'archéologue, si ce n'est une partie de cet ensemble de notions dont le peuple a fait, sans s'en douter, et livré à ses propres instincts, un art véritable que l'on pourrait appeler la *musique civile* par opposition à la *musique religieuse*, c'est-à-dire au chant grégorien, dont cette *musique civile* est dérivée, de la même manière que l'architecture civile dans le moyen âge a pour type l'architecture religieuse ? Mais ce qu'il y a de remarquable, c'est que, tandis que l'architecture civile du moyen âge a disparu, la *musique civile* se maintient, et tandis que l'architecture religieuse du moyen âge est devenue aujourd'hui l'objet d'un culte tel que l'histoire n'en offre pas d'exemples, la musique religieuse (le plain-chant) s'éteint peu à peu dans les temples ; et l'on peut dire que là où il en subsiste encore quelques traces, c'est grâce, non aux maîtres de chapelle et aux chantres, mais à l'oreille populaire, qui, malgré les maîtres de chapelle et les chantres, n'est pas entièrement désaccoutumée de l'ancienne tonalité des modes ecclésiastiques. En sorte qu'en fait de langage comme en fait de musique, c'est toujours le peuple qui conserve, parce qu'il est plus près de la source, parce qu'il est la source même ; et c'est aussi pourquoi, toujours en fait de musique et de langage, c'est encore le peuple qui invente. Viennent ensuite les savants, les grammairiens, les théoriciens, qui mettent en œuvre, mais qui n'inventent pas. Ceux-ci font bien ou mal, suivant qu'ils

ont ou n'ont pas de génie. Mais ceux qui
ont du génie ne sont pas ceux qui mettent
de leur crû, qui tirent d'eux-mêmes ; ce sont
ceux, au contraire, qui puisent dans le fonds
commun, dans le vaste réservoir populaire,
ceux dont l'instinct devine la fibre sympathique
et la fait vibrer. Un homme qui avait particulièrement approfondi les systèmes de musique propres aux diverses écoles du moyen
âge, Bottée de Toulmon a dit : « Il faut
bien se garder de croire que la musique fut
partout la même. Non, celle que je viens de
définir était celle des savants en musique,
de ceux que l'on appelait *musiciens*. Il existait encore une autre musique, assez mé-
prisée, du reste, et qui vivait parallèlement
à celle des musiciens ; celle-là, c'était celle
du peuple, et malheureusement pour les
prétentions de nos ancêtres connaisseurs, il
faut le dire, c'était la vraie ; c'est celle qui a
produit l'art moderne (1). » On le voit,

(1) *Lettre adressée à M. le président de la sous-
commission musicale des chants religieux et historiques,*
du 29 juin 1845, p. 2.

Une autre lettre pleine d'intérêt de M. Danjou, et
qui a été écrite pendant le cours des explorations
de ce savant en Italie, contient quelques passages
que je me fais un plaisir de mettre en regard de la
citation de Bottée de Toulmon dont ils dévelop-
pent la pensée.

Du xiiie au xvie siècle « la musique française
comprenait deux parties bien distinctes, l'une populaire, facile, variée, pleine d'inspiration, de fan-
taisie, de charme, de naïveté ; c'était la mélodie.
L'autre aristocratique, compliquée, pleine de recherches et de difficultés, premiers et laborieux es-

tandis que le peuple se constituait et se constitue encore, à son insu, le dépositaire des traditions grégoriennes, il créait une musique en harmonie avec les accidents journaliers de son existence à lui ; car le peuple, tout en vivant, à certaines heures, de la vie du temple, vivait aussi de la vie de la cité. Il avait ses travaux, ses joies et ses douleurs privées, ses joies et ses douleurs publiques ; il avait ses plaisirs, ses réunions ; et puis il fallait bien accorder

sais d'un art qui venait de naître, c'était l'harmonie ou déchant, organum, diaphonie, contrepoint, qui faisait l'admiration des savants. Les mystères qu'on représentait dans les églises, les proses, tropes, sequences, conductus que le peuple y chantait, les rondeaux, lais, virelais, pastourelles, ballades, plaincts, chansons de Notre-Dame, etc., formaient la musique populaire, celle qui retentissait dans les cours les plus brillantes, comme dans les manoirs les plus modestes, celle que le roi saint Louis chantait à la Sainte Chapelle, et que le peuple chantait à Notre-Dame de Paris... On ne connaît pas à beaucoup près tous les noms de ces compositeurs de musique populaire et de mélodies que le peuple a chantées pendant trois ou quatre cents ans, et dont le souvenir n'est pas entièrement effacé de sa mémoire. On sait seulement que les plus célèbres étaient du nord de la France, à la fois contemporains et compatriotes des artistes qui bâtissaient les cathédrales de Chartres, d'Amiens, de Reims, de Laon, de Saint-Omer, etc..... Non-seulement la musique populaire n'avait pas voulu subir le joug de la science, *mais pendant que cette dernière s'efforçait de créer une nouvelle tonalité, ou plutôt de retrouver les genres enharmonique et chromatique des anciens, les* compositeurs populaires devançaient toutes les réfor-

quelque chose au côté sceptique, frondeur
et railleur de la nature gauloise. Les mélodies grégoriennes ne disaient donc pas tout
pour lui. Elles ne correspondaient pas à un
certain côté de l'élément humain, et un
sentiment délicat lui interdisait peut-être
de leur faire transgresser le seuil du temple;
il avait donc inventé une musique ; il s'était
fait une tonalité mixte, où les éléments de
la tonalité ecclésiastique entraient pour une
moitié, et les éléments de la tonalité future

mes et réalisaient par indépendance ou par instinct
ce que les efforts des savants n'avaient pu produire.
Longtemps avant que Monteverde eût écrit les ouvrages
dans lesquels apparaît la tonalité nouvelle, on la trouve
clairement indiquée dans plusieurs chœurs composés
pour l'oratoire de Saint-Philippe par Nanini, Rinaldo
del Mel, l'abbate Romano et d'autres auteurs. Assurément les faits de ce genre qu'on pourrait citer ne
diminuent en rien la gloire de Monteverde, qui n'en
a sans doute jamais eu connaissance, mais ils prouvent
que le sentiment de la tonalité nouvelle et le besoin
d'une transformation de l'art étaient dans tous les
esprits. » — *Revue et Gazette musicale* du 9 janvier
1848. — Nous avons souligné la phrase dans laquelle
M. Danjou parle des *efforts* de la science dans le but
de *créer une nouvelle tonalité*, etc., parce que notre
conviction est que dans des choses semblables on
n'agit pas de parti pris. Les musiciens pouvaient bien
avoir le sentiment de l'impuissance de la musique,
alors constituée sur les modes du plain-chant, à
interpréter les affections humaines; ils pouvaient
vouloir l'enrichir des genres chromatique et
enharmonique à l'imitation des Grecs; mais quant
à changer la tonalité, nous croyons pouvoir affirmer
que personne n'y songeait. Une tonalité pas plus
qu'une langue ne se *fait* de propos délibéré.

pour une autre moitié ; et l'on peut dire qu'à partir de Monteverde, tous les grands compositeurs qui ont laissé des traces profondes dans les souvenirs des populations et dans l'histoire de l'art, les Carissimi, les Jomelli, les Bach, les Mozart, les Beethoven, les Gluck, les Cimarosa, les Weber, les Rossini, ont été, dans des ordres divers, les traducteurs des instincts populaires.

XLVII.

Il faut bien que cette tonalité du plain-chant ait encore de secrètes affinités avec l'oreille du peuple, puisque, non content d'avoir maintenu les terminaisons par un ton entier, là où les musiciens avaient depuis longtemps substitué la note sensible, le peuple exclut cette note sensible des mélodies qui la comportent essentiellement. Je n'en veux d'autre preuve que la manière dont le mendiant et l'aveugle du coin des rues jouent sur le violon ou la clarinette les airs les plus connus et particulièrement les airs écrits en mode mineur, tels que : *Que je ne suis-je la fougère*, et autres. Sans doute, ces artistes ambulants se permettent une foule d'irrégularités qui ne témoignent pas trop en faveur de la délicatesse de leurs organes; mais on peut remarquer chez eux une tendance prononcée à transformer toutes les mélodies du mode mineur en chants du premier et du second modes.

XLVIII.

Quant au peuple des campagnes, à celui que les habitudes agricoles ou pastorales, que les difficultés de la localité, que l'idiome qu'il parle, constituent dans un état d'ilotisme relativement au reste de la nation, il faut avoir vécu avec lui, partagé ses travaux, s'être identifié avec lui par les mœurs et le langage, pour se faire une idée de ses dispositions musicales. D'abord, quant à la musique actuelle, elle ne lui dit absolument rien. Les sons de l'orgue (quand l'orgue n'accompagne pas le plain-chant), les sons du piano (qu'il appelle un orgue, à cause de la ressemblance du clavier), sont tout à fait inintelligibles pour lui. Ce peuple qui juge un prédicateur d'après la force des poumons dont celui-ci fait preuve, juge un chantre, un chanteur, d'après l'éclat de sa voix. La musique militaire même n'a aucune prise sur lui, si ce n'est par le rhythme et par le timbre strident des instruments de cuivre. Et pourtant, ce peuple chante ; il a ses chansons, ses complaintes, ses airs de danse, ses airs de galoubet. S'il n'entend rien à la musique actuelle, il a une tonalité qu'il chante purement, de même que s'il ne comprend rien ou pas grand chose à notre français, il a un dialecte qu'il parle purement, dialecte nuancé, musical, souple, imitatif, énergique, rapide, concis ; bien différent en cela du peuple de Paris qui n'a pas de dialecte et qui estropie le français. Où s'est formée l'oreille de ce peuple? Elle s'est formée d'abord à l'église dont il a retenu les hymnes, les psaumes, certains chants de la messe, les *Kyrie*, les *Gloria*, les *Credo;* elle s'est formée aux processions, aux cérémonies de la première communion dont il a retenu les litanies, les cantiques; elle s'est formée à ces fêtes, qui sont pour ce peuple des fêtes de famille lesquelles marquent les époques de l'année, la Noël, la semaine sainte, les Pâques, les Rogations, la Fête-Dieu, la Saint-Jean, etc., etc., et qui amènent avec elles des chants, des cantiques, des noëls, des litanies, des complaintes, que l'on chante le soir au foyer et souvent dans les travaux de la campagne. Elle s'est formée ensuite, le dirons-nous? elle s'est formée dans la tonalité de la nature, c'est-à-dire dans les bruits extérieurs, cette gamme sonore propre aux sites, suivant que ceux-ci sont en plaine, ou sont sillonnés par un fleuve, ou se composent de rochers escarpés, de ravins abruptes où se précipitent les cataractes, de forêts sombres où mugissent les vents; tonalité douce ou véhémente, harmonieuse ou abrupte, dont l'accent du langage reproduit l'écho, et qui fait de ce langage le signe distinctif de la race.

De là ces singularités si variées que l'on remarque dans les chants populaires des diverses contrées, singularités du rhythme tantôt binaire, tantôt ternaire; ici mineurs, là majeurs, le plus souvent mélangés des deux modes, comme aussi coupés de diverses mesures et se terminant parfois par un intervalle irrationnel dont l'oreille cherche en vain à se rendre compte, et qui pourtant ne manque pas de charme à cause même de son étrangeté et de son indépendance de toute loi tonale.

Que l'on pénètre dans les campagnes du comtat Venaissin, aux saisons de l'année où les travaux exigent le concours des femmes, tels que la cueillette des olives (*leis oulivados*), la double cueillette de la feuille des mûriers, au printemps pour les vers à soie, à l'automne pour les troupeaux, le décoconage, etc., etc.; c'est alors que, pour conjurer l'ennui d'un labeur long et monotone, nos paysannes passent en revue tout leur répertoire de cantiques, de noëls, de lambeaux de litanies, qu'elles chantent aux processions, et chez elles à la veillée; puis viennent des chansons, des complaintes, des espèces de ballades interminables, qui défilent sur une cinquantaine de couplets et qui le plus souvent traitent d'amour, de guerre, de catastrophes, d'apparitions, etc. Quel est l'auteur de cette poésie et de cette musique? Elles ne le savent pas elles-mêmes. Plusieurs parmi elles improvisent des vers et en composent probablement la musique; quoi qu'il en soit, la tonalité ecclésiastique est le fond de ces chants, comme on peut en juger par l'admirable cantique : *Plein d'un respect mêlé de confiance*, attribué au P. Bridaine, et qui, sauf une seule rencontre de la note sensible, appartient au deuxième mode. Mais cette tonalité se surcharge ici d'une foule de petits ornements,

de *grupetti*, qui prouvent bien que cette terre
a été rendue à moitié italienne pendant près
d'un siècle par le séjour des Papes, et qu'elle
est au surplus la terre des troubadours, qui
rapportèrent des croisades le goût de ces
agréments, de ces roulades, qui sont un des
caractères de la musique orientale, plus rap-
prochée que la nôtre de l'institution de la
parole.

Ce que nous venons de dire de l'existence
de la tonalité ancienne dans nos contrées
méridionales se trouve justifié dans un
passage de la *Lettre* ci-dessus citée, où
M. F. Danjou rend compte de ses explorations archéologico-musicales, dans un petit
coin de la haute Italie, situé entre Venise
et l'Autriche. Ce qu'il y a de remarquable surtout, c'est qu'une colonie provençale
vint s'établir en ce pays vers le milieu du
XIIIᵉ siècle. Mais ce passage est beaucoup
trop étendu pour être reproduit ici, et
nous sommes obligé de laisser aux lecteurs le plaisir de le lire dans la *Gazette
musicale*.

XLIX.

Il nous est arrivé à nous-même, il y
a quelques années, de parcourir pendant l'automne les campagnes avoisinant la
montagne du Léberon, pour y faire la chasse,
non au gibier, mais aux mélodies anciennes. Quand nous entendions une chanson,
un cantique, une complainte, ou bien un

air de fifre qui nous plaisait par sa singularité et son tour naïf, nous allions interroger
le paysan, la paysanne ou le berger, qui
l'exécutaient, et si nous ne pouvions le
transcrire au moment même, nous annon-
cions notre visite à la veillée du soir dans
la grange. Réunis autour d'une table, les
femmes cousant et filant, les hommes lisant,
chantant ou fumant, ces braves gens nous
répétaient la mélodie du matin, et quand
nous en avions bien saisi les intonations et
le rhythme, ce qui (pour le rhythme prin-
cipalement) n'était pas toujours facile;
quand nous avions tenu compte des diverses
variantes que plusieurs d'entre eux propo-
saient, nous écrivions le chant sous la dic-
tée d'un seul, au grand étonnement de l'as-
semblée qui ne pouvait concevoir comment,
au moyen de certains signes, on pût fixer
les sons. Mais ils étaient bien obligés de se
rendre quand nous leur chantions à notre
tour la mélodie et les paroles sans faire une
faute. D'ordinaire ces bons paysans nous
disaient : Tel cantique a deux airs, l'ancien
et le nouveau. Lequel voulez-vous? Nous
les leur faisions chanter tous les deux, mais
nous donnions presque toujours la préférence à l'air ancien. Effectivement, disaient-
ils, l'ancien est beaucoup plus beau, et il
est fort remarquable qu'ils traduisaient le
plus souvent l'air moderne dans leur
vieille tonalité favorite, en supprimant
presque partout la note sensible. Nous
avons ainsi recueilli plusieurs airs fort
jolis, dont quelques-uns même sont très-
curieux.

Mais nous parlons ici d'un recoin privilégié, éloigné de tout centre académique, littéraire, musical; d'un recoin où l'on parle le *patois* dans sa pureté, la langue, comme disait Nodier, du *père*, du *pays*, de la *patrie*, et non encore traversé par un chemin de fer. « Quelque part que vous tourniez vos pas, écrivait saint Jérôme à sainte Marcelle, vous entendez des voix qui bénissent le Seigneur; le laboureur en conduisant sa charrue chante de joyeux *alleluia*; le moissonneur, en recueillant ses gerbes sous les feux du soleil, se soutient par le chant des psaumes; et celui qui cultive la vigne, en émondant et en redressant les tiges d'un arbuste insensible, redit au loin les phrases sublimes du Roi-Prophète : *Quocunque te vertis, arator stivam tenens alleluia decantat, sudans messor psalmis se evocat et curva attollens vitem falce vinator aliquid Davidicum canit. Hæc sunt in provincia nostra carmina : hæc, ut vulgo dicitur, ancatoriæ cantationes, hic pastorum sibilus, hæc arma culturæ* (1). » *Hæc sunt in provincia nos-*

(1) Monseigneur Parisis, qui cite ce texte dans son *Instruction pastorale sur le chant d'église* (Paris, 1846, in-8°), le fait suivre des paroles suivantes : «Nous n'avons pas précisément vu ces beaux jours de foi, mais il nous semble en avoir encore aperçu, dans les années de notre enfance, comme le dernier crépuscule. Nous nous rappelons que les premières mélodies dont nos oreilles furent frappées en entrant dans la vie étaient celles des chants liturgiques..... et nous bénissons Dieu avec effusion de cœur en nous souvenant de ces soirées des jours de fête, où l'on donnait pour récompense à notre jeune âge la faveur

tra carmina. Heureuses les contrées qui peuvent parler de la sorte ! Mais combien y en a-t-il ?

L.

Abordons enfin la grande question : La tonalité du plain-chant est-elle perdue sans retour ?

Nous n'avons qu'un mot à dire. Si le clergé, si les hommes qui se sont consacrés à l'œuvre de la restauration grégorienne se préoccupent moins d'efforts individuels que d'efforts communs, le mal peut être conjuré. Nous leur dirons à tous : Descendez dans le peuple, mêlez-vous au peuple, faites-vous peuple. Emparez-vous de l'instinct musical

de chanter en famille les touchants mystères du divin fils de Marie, tantôt dans la langue même de l'Eglise, tantôt dans le langage naïf de nos religieux ancêtres. Hélas ! N. T. C. F., que sont devenues dans le monde ces douces et saintes habitudes ? Si dans quelques rares contrées il en reste encore quelques traces, n'est-il pas malheureusement vrai qu'elles s'y effacent chaque jour ? Où sont les familles dans lesquelles on cherche à charmer, par les chants de la liturgie catholique, les loisirs quelquefois dangereux des soirées d'hiver ? Où sont les ateliers d'où l'on entend sortir quelques accents empruntés aux souvenirs de nos divins offices ? Où sont même les campagnes qui soient édifiées et réjouies par de pieux accents comme ceux que redisaient partout, au temps de saint Jérôme, les vignes et les champs ? »

du peuple; attirez-le surtout dans les temples ; redonnez-lui-en l'habitude. Il y a une
certaine fibre dans le peuple, il s'agit de la
toucher; or, cette fibre, c'est le clergé qui
en a le secret ; et ce secret, le clergé croit
l'avoir perdu : voilà le grand malheur. Ou-
vrez, dans tous les diocèses, dans toutes les
cités, dans tous les villages, des écoles gra-
tuites, où, sous la surveillance d'hommes
compétents, chargés de donner l'impulsion
aux études, tous les enfants du peuple seront appelés à apprendre le plain-chant,
bien entendu en dehors de toute éducation
musicale ; mais le plain-chant mélodique,
non musical, non harmonisé; où les maîtres
se formeront, non d'après les méthodes nouvelles, mais d'après les anciennes, fondées sur
les systèmes des muances et des hexacordes;
bannissez des églises toute harmonie, toute
musique, tout orgue d'accompagnement, et
le plain-chant pourra être sauvé. Pourquoi,
dans toutes les écoles communales, dans
toutes les écoles des Frères, dans les grands
et petits séminaires, n'y aurait-il pas une
classe de plain-chant? Certes, les hommes
de zèle ne manqueraient pas à une œuvre de
dévouement.

C'est au clergé à prendre l'initiative de
cette œuvre de restauration au nom de la
religion, au gouvernement à la seconder au
nom de l'art. Mais si cela ne se fait pas ; si,
faute d'entente et d'accord, ce projet n'est
pas réalisé sur un plan quelconque, soyez
bien sûr qu'il faudra bientôt mettre au rang
des stériles témoignages de la vanité scien-

tique les recherches auxquelles se livrent
tant d'érudits recommandables, dans le
but de débrouiller la notation du moyen
âge : *In vanum laboraverunt qui ædificant
eam.*

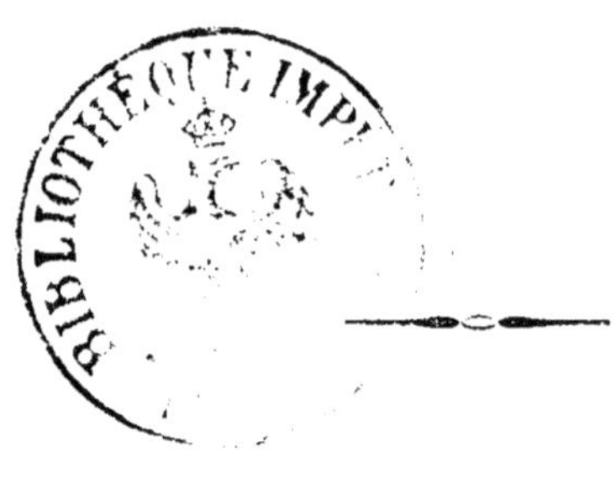
BIBLIOTHÈQUE IMP.

ERRATUM. — Page 143, ligne 18, *au lieu de :* le même
savant, *lire ;* le même M. Fétis.

—

ERRATA.

Page 127, *ligne* 2. mettez les guillemets après *systèmes des sons* (1).

Page 166, *ligne* 5 : d'un seul csup, *lisez* : d'un seul coup.

Page 187, *ligne* 27 : la méthode, *lisez* : les méthodes.

Page 191, *ligne dernière*, mettez une virgule au lieu du point et virgule.

Page 250, *ligne* 6 : à la veillée du soir, *lisez* : pour le soir à la veillée.

www.ingramcontent.com/pod-product-compliance
Lightning Source LLC
LaVergne TN
LVHW021431170726
843501LV00005B/1286